跨文化视角下的大学英语教学理论与实践研究

陈冬妍　著

中国纺织出版社有限公司

内 容 提 要

本书对跨文化视角下大学英语教学理论与实践进行了研究。本书共分为九章，介绍了跨文化视角下大学英语教学的相关理论，提出了相应的教学建议。总体来说，本书逻辑清晰、理论严谨、渐次深入，做到了理论与实践的结合，因此，本书对于研究者、教师、学生而言都具有很好的参考与学习价值。本书可作为高等院校的教育工作者的参考书，也可作为大学英语教育研究者和关注者的参考书。

图书在版编目(CIP)数据

跨文化视角下的大学英语教学理论与实践研究 ／ 陈冬妍著. -- 北京：中国纺织出版社有限公司，2023.2

ISBN 978 - 7 - 5229 - 0349 - 1

Ⅰ. ①跨… Ⅱ. ①陈… Ⅲ. ①英语—教学研究—高等学校 Ⅳ. ①H319.3

中国国家版本馆 CIP 数据核字 (2023) 第 028524 号

责任编辑：张　宏　　责任校对：高　涵　　责任印制：储志伟

中国纺织出版社有限公司出版发行

地址：北京市朝阳区百子湾东里 A407 号楼　邮政编码：100124

销售电话：010—67004422　传真：010—87155801

http://www.c-textilep.com

中国纺织出版社天猫旗舰店

官方微博 http://weibo.com/2119887771

三河市宏盛印务有限公司印刷　各地新华书店经销

2023 年 2 月第 1 版第 1 次印刷

开本：787×1092　1/16　印张：10.25

字数：168 千字　定价：98.00 元

前　　言

随着经济全球化和科学技术的迅速发展,世界各国之间的交流与合作越来越紧密。英语作为世界通用语言,不仅在这一大环境中起着关键桥梁作用,也是文化传播与发展的重要途径之一,当今时代下培养出具有跨文化素质和全球化意识的外语人才成为大学英语教学的重中之重。因此,我国当前的大学英语教学改革对传统的英语教学模式提出了新的要求,将跨文化交际能力视为学生语言交际能力的重要组成部分。

大学英语教学中,学生的跨文化交际能力培养是重点内容。跨文化教学是对交际外语教学的延伸与发展,该方面的教学内容与英语语言的应用及语言文化背景的掌握有密切的联系。基于此,需要对大学生的跨文化交际能力进行全面培养。然而,目前大学英语教学中的跨文化交际教学仍然存在一些问题,本书将结合有关跨文化交际的文献资料,分析、探讨在大学英语教学中培养大学生跨文化交际能力的策略与方法。

本书聚焦于跨文化大学英语教学,罗列了跨文化相关理论,科学建构了跨文化大学英语教学的理论框架,透过语言与文化的关系,介绍了具有代表性的跨文化交际能力培养模式,提出了以文化教学为中心的跨文化交际能力培养模式,阐释了跨文化交际语境下大学英语听力与口语教学实践探究、跨文化交际语境下大学英语教师的发展状况,提出了大学英语教学中跨文化交际能力培养的建议。同时,从文化性诉求、文化教学的内容与目标、文化性乏弱的表现与归因等角度分析了大学英语教学中的文化性问题。本书有针对性地建构了跨文化大学英语教学的原则、教学模式及策略体系。这些都将为高校展开高质量跨文化英语教学提供积极有益的探索。本书旨在帮助大学英语教师了解跨文化大学英语教学理论和课堂操作过程,适用于从事英语教育及相关专业的工作者、对跨文化交际与教育进行相关研究的学者。

本书在撰写过程中查阅了大量的书籍资料,参考了很多学者的优秀研究成果,在此表示深深地感谢! 由于作者水平有限,书中难免存在不足之处,望广大读者批评指正!

作　者
2022 年 10 月

目　　录

第一章 语言、文化与交际的概述

随着世界经济全球化以及文化多元化的发展，跨文化交际活动越发蓬勃，世界各国人民之间的联系愈加紧密。现在，语言已经不再是不同国家和民族人们交往的障碍，能否理解并接受异族文化成了影响各国有效交往的重要因素。具备跨文化交际的能力和视野成为众望所归，语言、文化与交际之间的关系也将跨文化交际与外语教学紧密联系在一起，因此，从跨文化交际视角出发对外语教学加以审视非常有必要。本章将对语言、文化、交际以及三者之间的密切关系进行详细说明。

第一节 什么是语言

语言是民族的重要特征和人类特有的交际工具，它是一种特殊的社会现象，用以保存和传递人类文明的成果。我们无论作为个体还是社会存在物，语言在我们的生活中都居于中心位置。本节将对"什么是语言"这一问题进行解析。

一、语言的定义

什么是语言？关于这一问题，目前语言学界尚未给出一个明确而统一的定义。下面笔者仅对一些代表性观点进行介绍与说明。

《语言与语言学百科词典》中记载："语言是人类社会用来交际或自我表现的约定俗成

的声音、手势或文字系统。"

《美国百科全书》对语言这样定义："语言是正常人类所具有而为其他物种所不备的能力，能通过口头或书面方式来表达现象或事件。其根本点是在语音与思想、概念、头脑中的形象之间建立联想关系，并用重复方式发出和理解这些语音。语言的主要功能是进行交际。"❶

赵元任曾说："语言是人跟人互通信息，用发音器官发出来的成系统的行为方式。"

张世禄指出："语言是用声音来表达思想的。语言有两方面，思想是它的内容，声音是它的外形；人类之所以需要语言，是因为有了思想，不能不把它表达出来。"

上述中外学者从不同角度对语言进行了界定，但都不全面。即使将上述定义综合在一起，也不足以说明语言的本质。到目前为止，语言始终没有一个确切的定义。

二、语言的属性

(一)生理属性

语言具有生理属性，这是语言的基本属性。人脑中有诸多处理语言的机制，这是区分人与动物的地方。儿童能迅速习得语言，但到了一定年龄掌握语言的速度会减慢，这些都源于语言的生理机制。

(二)自然属性

语言是由形式和意义两部分构成的符号系统，语言符号又可以具体切分出清晰的单位，符号与符号之间有或横向或纵向的关系，相互之间可以组合，而且组合是呈线性的。此外，语言符号具有生成性，通过一定的语言规则，有限的符号可以生成无限的句子，表达无限的意思。

(三)社会属性

语言是一种交际工具，交际是其首要职能，信息的传递、情感的表达都需要借助语言这一工具来完成。语言这种工具具有全民性，不分年龄、性别地为全体社会成员服务。

语言产生于社会，又广泛运用于社会，且随着社会的发展变化而变化。反过来，语言能够反映社会，从对语言的研究中可以观察社会现象，了解社会心态。

---

❶ 潘国文. 语言的定义[J]. 华东师范大学学报，2001(1)：101.

(四)心理属性

语言与思维关系密切，语言是人类进行思维的重要工具，如果离开语言，人的思维就难以进行；反过来，如果脱离思维，语言就无所依靠，毫无逻辑。可以说，思维是语言存在并正常运行的基础，如果思维出现问题，那么语言能力也会受到严重影响。

三、语言的功能

语言有显著的功能，很多语言学家都对语言的功能进行了研究，例如语言学家尤金·奈达(Eugene Nida)和韩礼德(M. A. K. Halliday)等，他们对语言的功能进行了不同的分类和论述。综合不同学者的研究，笔者将语言的功能总结为以下几个方面。

(一)信息功能

语言的首要功能是信息功能，又称"概念功能"。语言是信息的载体，当人们想要传递信息、表达思想情感时，就会运用语言这一工具，如人们将信息传递给对方，用文字将信息记录下来，这些都是语言信息功能的具体体现。

(二)人际功能

人们常常借助语言来建立和维持社会地位，这是语言人际功能的体现。根据功能语法，人际功能关心的是交际双方的相互关系以及讲话人对自己所说的话或所写的东西所持的态度，如人们称呼别人或指代自己的方式就显示不同等级的人际关系。

(三)情感功能

情感功能是语言最有用的功能之一，语言可以调节听众的情绪，能有效改变听者对人或事物的态度。语言在调控情绪方面有特殊的作用，几句安慰的话语就可以让一个人的悲伤情绪得到缓解。

语言不仅能调节情绪，还能表达感情。当人们看到美好的事物时，可以通过吟咏诗词来表达自己的赞美之情；当人们生气时可以说几句发泄的话缓和一下情绪。不仅语言的口语形式有情感功能，语言的书面形式也有情感功能，如人们读到感人的故事时会潸然泪下。

(四)标志功能

区域的不同使语言具有标志性功能。不同的民族生存于不同的地理环境，这使彼此的语言多有不同，甚至同一民族在不同地区也使用不同的语言。在这种情况下，语言成为一种标志，通过一个人的语言就可以判断其所在的地区。

第二节　什么是文化

文化是一种社会现象，是人类历史发展和长期创造的产物，它是人们所觉、所思、所言、所为的总和，并凝聚着一个民族的文明和历史。文化遍布世界的各个角落，潜移默化地影响着人们生活的方方面面，对人们的思想、言行、观念等起着重要的制约作用。本节将对"什么是文化"这一问题进行详细解析。

一、文化的定义

什么是文化？这是一个很难回答的问题。目前，关于文化的定义达数百种，这样繁多的概念表明了文化内涵的浩瀚与深远，也说明文化概念的界定之难。

(一)国外学者对文化的界定

剑桥大学以马内利学院的唐·卡皮特(Don Cupitt)指出，culture 源自拉丁语动词 colo，colere，colui，cultura 等。在拉丁语中，它们表示 to till the ground，to tend and care for(即耕种、居住、练习、留心或注意等义项)等含义。卡皮特认为，culture 是指被熟识、驯化和培育过的世界的镜像。大约从中世纪开始，其逐渐被扩展到精神层面来使用。关于culture 的具体定义，西方很多学者都提出了自己的看法。

人类学家爱德华·泰勒(Edward Tylor)认为："文化作为一个复合的整体，其主要包含知识、信仰、艺术、道德、法律、风俗，以及人类在社会里所获得的一切能力与习惯。"[1]这一定义着眼于文化的精神性和整合性，是广为接受的关于文化的定义。

萨姆纳和凯勒(W. G. Sumner & A. G. Keller)认为："文化是调整和解决问题的方式和手段。"这一定义是从心理学角度界定的，与文化人类学家的观点十分类似。[2]

罗杰·基辛(Roger Kissin)认为："文化是把人类群体与他们的生态结合起来的行为方式、生活方式、社会群居和政治组织的方式，以及宗教信仰和实践。"

戴维斯(A. Davis)从符号学视角对文化进行了界定。根据戴维斯的观点，文化涉及所

---

[1]　Tylor, Edward Burnett. *Primitive Culture*[M]. Beijing：The Chinese Press，1990：52.

[2]　郭莲. 文化的定义与综述[J]. 中共中央党校学报，2002(1)：117.

有的思维模式及其相应的行为方式，而且这些思维模式主要是通过符号传递的方式进行的。

萨丕尔（E. Sapir）从文化的传统属性和社会遗传两大层面，对文化提出了自己的看法，即"文化被视为人类生活中通过某种方式遗传下来的东西，包括物质和精神两方面"。可以看出，这一定义指出了文化所具有的遗传性特征。

伊恩·罗伯逊（Ian Robertson）对文化的分析主要是从社会学角度进行的。罗伯逊认为文化覆盖的层面相当广泛，既有物质的，也有非物质的。具体来说，物质的东西如衣服、学校、书本等，它们由人类创造，并被人类赋予具体意义。非物质的东西如语言、思想、信仰等，它们是被抽象化的物体。

（二）国内学者对文化的界定

在中国，"文化"一词的产生和发展经历了漫长的过程。有专家指出，"文化"是中国语言系统中早就存在的词汇。"文化"是由"文"与"化"两个字构成的。其中的"文"字最早出现在商代甲骨文中，是指身有花纹，袒胸而立之人，之后被引申为各色交错的纹理。《易·系辞下》中记载："物相杂，故曰文。"《礼记·乐记》指出："五色成文而不乱。"《说文解字》说道："文，错画也，象交文。"均表示这层"各色交错纹理"的意思。另外，"文"还有很多引申义：包含语言文字在内的各种象征符号；由伦理之说导出彩画、装饰、人为修养之义，与"质""实"对称；在前两层意义之上，更导出美、善、德行之义。

与"文"字相比，"化"字的出现较晚，未出现在甲骨文中。"化"是指事物形态或性质的改变，其还可以引申为"教行迁善"等意义。

直到春秋战国，"文"与"化"二字才被复合使用。《周易·贲卦·象传》曰："观乎天文，以察时变；观乎人文，以化成天下。"这句话的大概意思是：为治理天下，须通过观察天文来把握周围环境变化发展的节律和方向；同时须观察人文，因势利导，随宜教化，以求得理想治局的实现。

直到西汉时期，"文"和"化"才合成一个词，与"武功"相对，有"教化"之意，是统治天下的两种手段，说明治天下要文武兼备。之后，南齐王融在《曲水诗序》中曰："设神理以景俗，敷文化以柔远"，这里的"文化"有"文治教化"之意。

综上所述，在中国传统观念中，"文化"一词的本义是与"武功""武力"相对的，是以文德教化天下，使人"发乎情，止乎礼"。文化在汉语中其实是"人文教化"的简称。

梁启超在《什么是文化》中指出，"文化者，人类心能所开释出来之有价值的共业也"。

这里的"共业"涉及诸多领域，如认识的(语言、哲学、科学、教育)、规范的(道德、法律、信仰)、艺术的(文学、美术、音乐、舞蹈、戏剧)、器用的(生产工具、日用器皿以及制造它们的技术)、社会的(制度、组织、风俗习惯)等。

对于文化的具体含义，我国很多学者发表了自己的观点。

肖峰认为，文化本身就作为一种信息存在着的。从本质上进行分析，文化的形成就是人工信息的沉淀。文化的内核就是特定信息的凝聚。同理，从实质来看，文化灭绝就是相关信息的消失。文化的影响就是信息的扩散，文化的传播就是信息的交流。

王威孚和朱磊认为，文化属于一种社会历史现象，每个社会都有与其相适应的文化，且文化随着社会的发展而发展。同时，文化作为意识形态存在，既反映社会的政治和经济状况，又对政治和经济产生很大的影响和作用。

金惠康认为，"文化可以被理解为一种复合体，这个复合体中包含生产方式、生活方式、社会准则、价值观念等构成要素"。

梁漱溟指出，"文化不过是一个民族生活的种种方面"。概括而言，他认为，文化主要包括三大方面内容：物质生活方面(饮食、起居等)、精神生活方面(哲学、艺术、科学等)以及社会生活方面(政治制度、社会组织、经济关系等)。

综上所述，虽然中西方学者对文化的概念见仁见智，但他们对文化的本质的认识却是一致的，即文化是历史的沉淀和结晶，是经过长期的积累逐渐形成的，是人类社会实践的产物，是人类创造出来并持有的精神财富和物质财富。

二、文化的特点

文化有鲜明的特点，了解文化的特点可以从更深层次上把握文化的本质。具体而言，文化具有以下特点。

(一)后天习得性

文化虽然是人类所特有的现象，但并不是与生俱来的，更不是通过遗传获得的，而是通过学习获得的。人自出生就有基本的需求，如生成和规范自己语言的需求，但如何满足这些需求，就需要依靠后天的习得。

(二)民族性

文化根植于民族，并随着民族的发展而变化。文化是特定人群长期共同生活的产物，当民族地域生态环境不同时，文化积累和传播的方式也有所不同，由此产生了鲜明的文化

"特异性"。可以说，文化是以种族或民族为中心的，文化首先是民族的，其次才是人类的。民族是一个社会共同体，越古老的文化，其民族性就越强。例如，中华民族是以汉族为主体的拥有 56 个民族的大家庭，而其中每一个民族都有自身的特色。

(三) 地域性

文化具有鲜明的地域性，这源于人类分布的地域性。人类生存在不同的地域范围内，与之相伴的文化也就有了这种特性。虽然现在多元文化发展趋势日益明显，但相对的地域差异依然存在，这就决定了不同地域文化的存在，如西方文化、东方文化等。

(四) 传承性

文化的内在需求和价值决定了文化具有传承性。文化是一个民族的思想结晶和社会活动经验的总结，对于后人来说是一笔巨大的精神财富，具有极大的文化价值和重要的指导意义。❶

文化并不是虚无缥缈的，文化有其物化的载体和传承的途径，即使是抽象的文化思想，也能通过语言载体加以记录和传承。文化主要通过一代又一代的口口相传或亲身实践来传承，也会通过书面语言进行传承，有时还会通过非语言符号传承。

(五) 创造性

文化具有创造性，这是文化的灵魂所在。文化的创造性源于文化主体的实践性和创造性，在人们认识和改造世界的过程中，文化得以产生。在这一过程中，人类不断创造文化，反过来，文化也不断塑造人类。

(六) 变化性

文化是人们满足自身需要的结果，因此会不断适时地进行调节，这是文化的变化性特征。这一点可以从两个方面理解：从历时角度来说，受政治、经济等社会因素的影响，不同时期的文化会不断发生变化，如从古到今对美的评判标准在不同时期就会有所不同；从共时角度来说，文化的发展源于技术的发展以及新发明的出现，如电视、电话、计算机的出现给人们的思维以及行为方式带来了很大变化。

三、文化的分类

很多学者都对文化的分类进行了研究，并从不同角度发表了不同的观点，这些观点既

---

❶ 闫文培. 全球化语境下的中西文化及语言对比[M]. 北京：科学出版社，2007：37.

有独特之处，也有相通之处。总结而言，可以根据不同标准进行以下几种分类。

(一)知识文化与交际文化

根据文化内涵的特点，文化分为知识文化和交际文化。

艺术作品、文物古迹都属于知识文化，其主要通过物质表现形式呈现。交际文化是指在语言交际中所隐含的文化，多以非物质为表现形式。一般而言，知识文化不对跨文化交际产生影响，而交际文化会对跨文化交际产生影响，所以，相比较而言，交际文化更应被人们重视。

交际文化又可细分为外显交际文化和内隐交际文化。外显交际文化是指那些比较外显的生活方式、社会习俗等。内隐交际文化是指那些隐含不易被察觉的价值观、世界观、思维方式等，其决定人们的行为方式，反映人们做出这种行为方式的心理动机。

文化组成模式如图 1-1 所示。

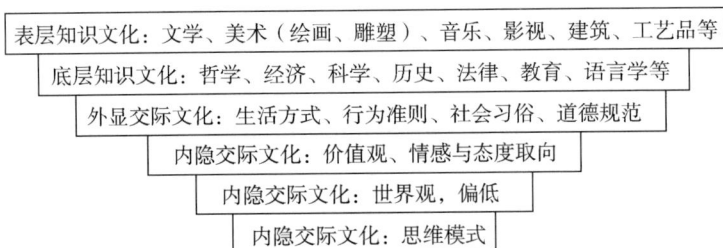

表层知识文化：文学、美术（绘画、雕塑）、音乐、影视、建筑、工艺品等
底层知识文化：哲学、经济、科学、历史、法律、教育、语言学等
外显交际文化：生活方式、行为准则、社会习俗、道德规范
内隐交际文化：价值观、情感与态度取向
内隐交际文化：世界观，偏低
内隐交际文化：思维模式

图 1-1　文化组成模式

(二)物质文化、制度文化与精神文化

根据文化的表现形式，文化可以分为物质文化、制度文化和精神文化。

物质文化是文化的基础部分，它的目的是为人类适应和改造环境提供物质基础，满足人类基本的生存需求，具体包括服饰、饮食、建筑、交通工具等。

制度文化是文化的结构部分，是人类用以调节内部关系，对成员的行为加以协调以应对客观世界的组织手段，如制度、法规等都属于制度文化。人类区别于动物、高于动物的根本原因，就在于人类不仅创造了物质财富，还创造了一个服务自己又约束自己的社会环境，创造出一系列调节内部关系和应对客观世界的组织手段。

精神文化是文化的内核，它是人类完善自我和实现价值的知识手段，哲学、艺术、文学、习俗等都属于精神文化。

(三)高层文化、民间文化与深层文化

根据文化层次的高低，文化可分为高层文化、民间文化和深层文化。

高层文化是指历史、哲学、文学、艺术等较为高雅的文化，又称"精英文化"。

民间文化是指风俗习惯、生活方式等通俗文化，它与人们的生活密切相关。

深层文化是指价值观、世界观、思维模式、情感态度等起指导和决定作用的文化，又称"背景文化"。

（四）高语境文化与低语境文化

根据文化对语境的依赖程度，文化可分为高语境文化与低语境文化两种。

作为人类交流的重要工具，语言交流总是发生在一定的语境中。所谓语境，是指语言交际或者非语言交际发生的时空环境、文化背景等。语境不同，人们交际的方式和程度也有所不同。据此，霍尔将文化分为高语境文化（High-context Cultures）和低语境文化（Low-context Cultures）。

所谓高语境文化，是指严重依赖语境，主要通过非语言符号进行交际的文化。在这种文化中，信息多存在于自然环境或交际者的头脑中，只有少数信息通过外显的符号代码加以传递。

所谓低语境文化，是指较少依赖语境，主要借助语言符号进行交际的文化。在这种文化中，绝大部分信息都是通过外显的符号代码进行传递的。

相比较而言，这两种文化的差异体现在以下几个方面。

首先，语言信息在低语境文化中比在高语境文化中更重要。相较于高语境文化，低语境文化中的成员在进行交际时更希望对方表达得详尽、明确，一旦表达的信息无效，就可能产生困惑。

其次，高语境文化中的成员虽然也借助语言符号传递信息，但相较于低语境文化中的成员，对语言符号的依赖性较小，认为事实胜于雄辩，有时一切尽在不言中。

最后，在进行交际的过程中，两种语境中的成员很容易发生冲突。因为高语境文化成员在交际过程中一般不直接言明，而低语境文化成员在交际过程中直截了当，所以误会和冲突很容易发生。

（五）民族文化、区域文化与阶层文化

文化还可以分为民族文化、区域文化与阶层文化。

民族文化是指世界各个民族在自身发展过程中所创造的具有民族特色的文化，也是该民族历史传承的纽带。

区域文化是指不同地区由于地理环境与位置的差异而形成带有明显区域特征的文化。

不同阶层的职业和社会分工不同，其生活方式、文化活动等也存在差别，因此就形成了各种各样的阶层文化。

(六) 主文化与亚文化

根据共性与个性差异，文化可以分为主文化与亚文化。

主文化是指在一个社会中处于支配地位的文化，也称为"主流文化"。对一个社会来说，其主文化会随时代的变迁而有所不同。

亚文化又称"副文化"，是指在一个社会中处于次要地位的文化。以中国为例，中国是一个多民族国家，其中占人口较大比例的汉族文化就是主流文化，其他民族的特色文化则是亚文化。

四、文化的功能

文化是一种非常复杂的社会现象，具有多个层面的功能。

(一) 帮助功能

通过文化，人们可以正确地认识世界，这体现了文化的帮助功能。文化之所以能够不断发展，原因在于它能为人们展示一个可预知的世界，帮助人们清楚地认知和了解身处其间的周围环境，从而在此基础上通过恰当的方式与他人、社会、自然和谐交往，进而顺利地生存下去。

此外，文化还能满足人们的基本需求，这也是文化帮助功能的体现。文化从诞生开始就不断发展，现在已经渗透至人们生活的各个方面。如今，文化已经成了满足人们基本需求、派生需求以及综合需求的重要手段。

(二) 育人功能

文化具有知识属性，文化意味着知识，文化人常常是有知识的人，可以说文化就是知识，是知识不断积累的过程。文化的知识属性决定了文化的育人功能。

育人并非是指教育人，而是指改变人、培育人和提高人的水平。首先，文化促进人不断进化，借助文化，人们从愚昧走向文明，走向博学。其次，文化可以塑造人，人们总是在不断地学习各种文化知识，从而塑造自己的人格。最后，文化可以提升人的能力，通过学习各种知识，人的创造能力会有所提升，就会从体力劳动者转变为脑力劳动者。

(三) 化人功能

文化具有精神属性，这是人区别于动物的重要方式，文化的这种属性决定了文化的化人功能，主要体现在两个方面。首先，通过积极的、先进的文化，人们可以愉悦身心、启蒙心智，获得精神上的满足感和幸福感。其次，文化具有理论指导力、舆论向导力等，这些能有效满足人类的需求，成为人类的精神力量，推动人类不断走向光明。

（四）规范功能

文化的一个重要作用就是要形成各种各样的制度规范来约束人们的社会行为，保证一个社会能够有序运转和稳定发展。随着社会生产力的不断发展，人类文明在演变过程中逐渐产生了各种规章制度，这些制度可以维护社会生产的有序进行。如果社会成员的行为缺乏及时引导和规范，社会就会陷入一种无序状态。因此，文化的规范功能是保证社会有序发展的基本功能。

（五）经济功能

文化具有经济功能，这主要体现在两个方面。一方面，文化可以直接推动经济的发展。文化能够开阔人们的视野，发展人的创新思维，提高人的能力，这些都对经济发展具有推动作用。另一方面，文化能直接创造经济效益。文化产业是经济产业的重要组成部分，由此可以将文化列为国民经济的一个重要产业，发展文化产业就是在发展经济。

（六）整合功能

整合功能是文化的重要社会功能。社会需要通过文化的整合功能维系自身的团结与秩序的稳定。具体来说，通过整合，文化内部各个部分之间的关系得以协调，形成一个和谐一致又联系紧密的整体。此外，同一个国家或同一个民族的制度，其成员的观念、行为等也需要规范，文化的整合功能恰好使这个国家或民族的成员能够对自己的国家或民族有一种归属感。通过文化对一个社会的不断整合，各个地区、各个民族的文化互相融会贯通，从而达到加强民族团结，促进社会稳定与发展的目的。

第三节　什么是交际

人们每时每刻都在进行交际，只要有人生存的地方，就有交际发生。本节就对交际这一活动进行具体探讨。

一、交际的定义

简单来讲，交际指的是人们相互交往和交流信息的过程。

汉语中关于"交际"的论述自古有之。《辞源》记载："际，接也。交际，谓人以礼仪币帛相交接也。"在古代，"交际"一词指的是人与人的接触往来。

商务印书馆的《现代汉语词典》第 7 版中对"交际"一词的定义为"人与人之间往来接触社交"。

英语中与"交际"一词相对应的表达是 communication，其词根 commoms 的意思是"共同"。关于 communication 的翻译，国际政治界将其译为"交流"，交通、通信界将其译为"交通""沟通""通信"，新闻界将其译为"传播"。

《朗文当代英语辞典》对 communication 的解释是："Communication is the process by which people exchange information or express their thoughts and feelings."（交际是人们交流信息或表达彼此的思想感情的过程。）

关于交际的定义，至今尚无统一的说法，目前基本形成了两个流派，即"说服"派和"共享"派。"说服"派认为，"交际是信息传播的过程"；"共享"派认为，"交际是信息共享的过程"，即少数人享有的信息转化为多数人共有信息的过程。❶

二、交际的分类

交际是人类活动中的一种基本形式，是以人为中心进行的，其大致包含两种类型：一种是人际交际，另一种是非人际交际。人际交际中信息的发出者与接收者都是具体的人，非人际交际则不然。根据交际对象，非人际交际又可细分为两种：人与自然的交际和组织与大众的交际。

但无论是哪种类型的交际，交际的媒介都不外乎语言和非语言两种。交际形式如图 1-2 所示。

三、交际的构成要素

从本质上说，交际的过程就是信息传播的过程。这个过程带有动态性，是由相应的要素构成的完整系统，具体包含以下几个方面。

---

❶ 陈俊森，樊葳葳，钟华. 跨文化交际与外语教育[M]. 武汉：华中科技大学出版社，2006.

```
                        ┌─ 人与他人
           ┌─ 人际交际 ─┤
           │            └─ 人与自我
     交际 ─┤                             ┌─ 语言交际、非语言交际
           │            ┌─ 人与自然（世界）
           └─ 非人际交际 ─┤
                        └─ 组织与大众
```

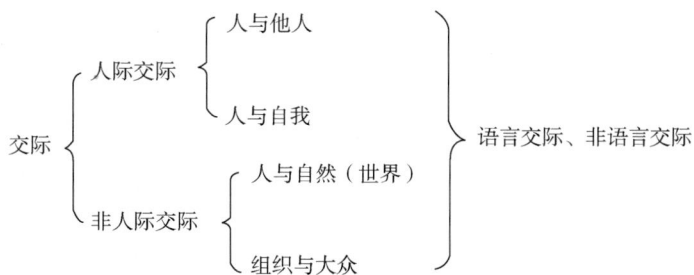

图 1-2　交际形式

(一)传播要素

1. 传播者

传播者指的是具有交际意向和需求的个体，也就是信息的发出者。交际意向指的是传播者想要和他人分享自己的信息。交际需求指的是通过分享，传播者想要得到他人认可的个人需求，以及改变他人态度、行为的社会需求。

2. 信息

信息是编码的结果，是交际者的内心所思所想的具体写照。在面对面的交谈中，信息包括语码、非语言信息以及交际环境信息等。信息具有独特性和唯一性，当接收信息的方式以及发生的情景不同时，即使同一条信息，其表达的意思也有所不同。

3. 编码

编码指的是语言的组合，是传播者在社会、文化、交际规则的影响下，借助语言中的词法、句法进行语言选择、组合，实现信息创造的过程。

编码过程的必要性来自人思想的复杂性，需要借助一定的符号进行传播。从这个角度来说，编码也是个体心理活动的过程。

在跨文化语言交际中，传播者的编码需要使用一定的语言符号，而且其编码过程需要在一定的规则(如社会规则、文化规则)下进行。

4. 通道

通道是指联结信息及其接收者之间的物理手段或媒介。随着科学技术的不断发展，信息传播的通道越来越丰富，如面对面交谈、电话沟通、短信、邮件等。由于跨文化交际往往包含众多交际要素的参与，如文化、交际者生活环境、交际环境等，因此面对面是最有效的沟通方式，能够促进信息的传达。

(二)接收要素

1. 接收者

接收者和传播者相对，指的是信息的接收方。接收者对信息的获取大多是在主观作用下进行的，也就是接收者有目的地等待或者有意识地察觉信息源，从而做出反应，建立与传播者之间的语言或非语言联系。但是，有意识的信息接收并不是绝对的。接收者对信息的获取也可能是在无意识或者偶然的条件下进行。

无论何种情况，接收者都是通过听觉或者视觉渠道刺激进行信息接收的。在跨文化交际过程中，信息的传播者和接收者属于不同的文化背景，因此信息接收的途径较同文化沟通更加复杂。

2. 解码

信息接收者将言语或非言语符号转化为可理解意义的过程就是解码。跨文化交际中的解码指的是接收者对信息进行翻译并对传播者非语言行为进行观察，从而在此基础上理解语言符号以及语言背后的文化信息。跨文化交际中的传播者和接收者来自不同的文化背景，因此解码过程需要进行文化过滤。也就是说，接收者需要利用自身的文化代码系统处理接收的文化信息。如果接收者不了解信息传播者的文化和语言，就容易导致交际失误的产生。

施拉姆(W. Schramm)提出的交际模式形象地表达了信息传播者与信息接收者在交际时编码和解码的过程，如图1-3所示。

3. 反馈

反馈是指接收者在接收信息之后做出的反应。反馈行为可以通过不同方式展现，如回答、评论、回应、质疑等。反馈反映交际的成功与否，也是判断交际有效性的重要标准。交际者可以通过反馈来了解自

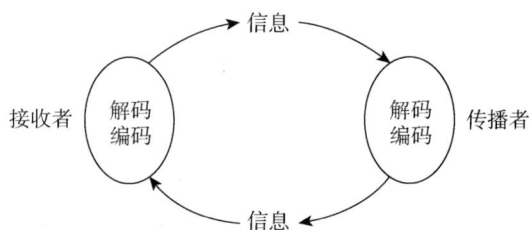

图1-3 施拉姆的交际模式

己是否有效传达了信息，也能依据反馈来调整自己的行为。当接收者对传播者的语言信息有所反应且该反应符合传播者预期时，这个交际行为就是有效的，反之则无效。

4. 语境

交际发生的情景和场所就是语境。通过交际语境，人们可以对交际的内容和形式有更深层次的理解。如果人们了解了交际即将发生的语境，就能在一定程度上预测将要发生的交际。

四、交际的特点

交际是一个十分复杂的过程，了解交际的特点可以更加深入地了解这一过程。具体而言，交际包含以下特点。

(一) 交际具有符号性

符号指的是人们用来标记指称对象的形式，是人们进行交流和沟通的重要媒介。在人类的交际过程中，最基础的交际符号是语言。交际的符号性是其最基本的特征，这主要是因为交际的进行需要依赖一定的符号载体。符号可以是语言的，也可以是非语言的，它可以是任何一个有代表意义的词语、物体和行为。每一种文化中的人们都使用符号，却赋予符号不同的含义，这就使符号的使用具有主观性，而且符号与其所代表的含义之间的关系具有任意性。

(二) 交际具有目的性

交际是传播者在一定交际目的下开展的交流活动。在人类的交往和生活过程中，人会有不同的交际意向和需求，因此交际目的多种多样。在交际目的的影响下，交际者需要选择不同的语言形式进行表达，力图促进交际的进行。交际的目的和思维形式紧密相关。在语言交际之前，交际目的便作用于交际者，进而作用于之后的交际行为。

(三) 交际具有双向性

交际的双向性指的是交际主体之间的相互作用关系，这种双向性的存在使得交际和一般传播活动相区别。例如，个体进行电视、广播活动就是一种单向信息传播方式，有明确的传播主体和传播客体。

在具体交际过程中，交际者需要不断传播信息与接收信息，因此交际的主客体角色不断转变。参与交际的个体可以是交际主体，也可以是交际客体。

(四) 交际具有不可逆转性

交际信息只要发出，就会被信息接收者接收并赋予意义，从而不可逆转，无法收回，只能加以修改。因此，在交际中，交际者要注意自己无意识的言行，以免对交际产生负面影响。

(五) 交际具有系统性

交际是在庞大的系统中进行的，这一系统包括交际发生的场景、场所、场合、时间以及参与人数。

交际一般发生在特定的场景中，人们的言行以及符号所代表的意义都受场景的影响。

交际场所对人的交际行为做出了规定，在不同的场所，人们的交际行为有不同的特点。

交际场合影响交际者的行为，每一种场合都有其相适应的行为模式，但不同文化所规定的行为模式又各不相同。

任何交际都发生在一定的时间区间，如一般的谈话和演讲所持续的时间长度有所不同。因为时间对于交际的影响作用并不明显，所以常常被忽略。

交际过程会受到交际参与人数的影响，同一个人讲话和与一群人讲话时的行为和感受是存在差异的。

(六) 交际具有社会性

社会性是交际的本质特征。具体来说，交际的社会性体现在以下两个方面。

一方面，交际的社会性体现在交际者是社会中的一员，主体能够在思维的作用下辨认、理解、使用语言符号，从而达到自身的交际目的。跨文化交际中，交际主体的文化背景不同，因此其社会性特征体现得更加明显。

另一方面，交际活动的进行对于社会的发展与进步产生重要影响，促使不同的组织群体出现。社会发展是从初级向高级不断演进的，人们的生活范围也从居住地向全球范围扩展，这些变化和交际活动的进行有密切关系。从这个意义上说，交际活动能够促进社会发展，跨文化交际更是如此。

第四节　语言、文化与交际"三位一体"的关系

语言、文化与交际形成了紧密的"三位一体"关系，共同作用于跨文化交际过程。

首先，语言具有文化属性。人类创造了语言，通过语言的记录与传播功能，历史和文化得以传承。语言是依托于文化存在的，语言与文化相互促进，共同发展。

其次，文化影响语言与交际。交际要在文化这一大环境下进行，并且以语言为载体。在具体的交际过程中，人们利用语言进行思想传播、信息交流，整个语言与交际的过程都

会受到具体文化环境的影响。

最后，交际是语言与文化传播的重要媒介。语言与文化的传播离不开交际的作用。在人类的相互交往过程中，会形成一定的语言使用能力与文化感悟能力。但是当个体缺乏具体的交际活动时，这些语言能力和文化感悟能力便没有用武之地。

总体而言，信息传播的过程离不开文化环境与交际渠道。交际既对语言和文化有一定的依赖作用，又促进了语言与文化的传播和发展，三者处于"三位一体"的关系中。

一、语言与文化

语言与文化有复杂的关系，仅从单一的角度进行分析难免失之偏颇，笔者从辩证的角度对二者的关系进行分析。

（一）交叉关系

社会语言学家哈德森（Hudson）认为语言和文化是一种交叉关系，并指出语言是人们通过观察他人行为或直接学习的方式得来的知识。根据这一观点，哈德森还将文化分为以下3类。

（1）通过观察学习到的知识。

（2）通过直接学习和体验获得的知识。

（3）人类共享的普遍认同的知识，不需要互相学习即可获得。

哈德森指出，语言并不全是从文化中获取的，部分语言形式是个体通过直接学习或自身经验获取的，因此，语言与文化的交叉部分是个体从他人那里习得的语言形式。

（二）互促互进关系

语言与文化的关系十分复杂，但是从整体上说，二者处于互促互进的关系中。

1. 语言促进文化的发展

语言是由人创造、使用、发展和完善的，它的产生又使人有了文化。语言的这种功能也确定了其文化属性，语言被称作文化的载体，是反映民族文化的一面镜子，二者既密切联系，又互相区别。文化的创造离不开语言，文化的变化和发展也无法与语言的变化和发展割裂开来，文化从一开始就与语言密不可分。

2. 文化推动语言的革新

社会文化的发展同样对语言的革新起着重要的推动作用。在文化发展的前提下，语言体系才能不断完善与丰富，如果没有文化的发展作为前提，语言则会成为一潭死水，无法进行革新。例如，社会新词的出现就是文化发展在语言上的集中体现。

二、交际与文化

交际与文化有重要的相互作用关系。交际的进行需要交际者考量交际对象的文化背景，从而选择合适的语言形式。下面笔者对文化对交际的影响进行总结。

(一) 文化对交谈模式的影响

文化对交谈模式有显著的影响作用，文化不同，交际模式也有所不同。因此，为了保障交谈的顺利进行，交际者需要掌握一定的文化交谈模式。

1. 何时讲话

对于何时讲话这一问题，文化背景不同，其规则也不相同。例如，英国人十分重视个人隐私，因此在公共场合，他们不会通过与陌生人交谈来打发时间。而我国国人在集体主义的影响下，对个体隐私并不十分在意，人们喜欢与陌生人进行交谈。

2. 话题的选择

话题的选择对于交际的顺利进行起着重要的作用，文化背景不同，话题选择也有所不同。例如，中国人习惯在交际中谈论各自的家庭、薪金、教育等情况，而这些在西方国家都属于隐私的范畴，在交际中是不会拿来分享的。因此，在具体的交际过程中，交际者需要谨慎选择话题，考量交际对象的文化背景。

3. 话轮转换

话轮转换指的是在交际中交际双方不断转换交际角色，即在说话者和受话者之间的转换。具体来说，话轮转换的规则包括以下 3 种情况。

(1) 当前说话人指定下一位说话人。

(2) 在当前说话人未指定说话人时，会话者可以自选，但并不是必须这样做。

(3) 当前说话者未指定说话人，同时会话者没有自选时，当前说话者可继续交际，但并不是必须这样做。

当文化背景不同时，话轮转换也不相同。例如，日本人在交谈时，话轮的转换需要交际者等待适当的时机，美国人则喜欢直接进行话轮转换。

(二) 文化对交际风格的影响

交际风格深受文化的影响，具体体现在以下 2 个方面。

1. 直接交际风格与间接交际风格

交际风格有直接交际风格和间接交际风格之分。直接交际风格指的是在交际过程中直接表达自身的见解。间接交际风格指的是通过迂回的方式表达自身的观点，往往具有含蓄性。例如，我国受儒家思想的影响，在交际中力图保全交际对象的面子，语言选择上尽量礼貌委婉，多用间接的表达方式。而西方人习惯直截了当，在交际过程中多采用直接表达的方式。

2. 个人交际风格与语境交际风格

交际风格还有个人交际风格和语境交际风格之别。个人交际风格主要强调在交际中凸显交际者个人的身份，在语言选择上倾向使用第一人称。语境交际风格指的是根据具体语境和交际对象来选择语言。例如，在英语中无论是对长辈还是师者，都一贯使用第二人称代词 you，而汉语中则习惯使用"您"来表示尊称。日语中会根据语境交际风格来使用不同的敬语形式等。

三、语言与交际

语言在一定程度上就是交际，在交际中发挥的作用不可替代。语言和交际联系紧密。

人类使用语言进行交际时，需要综合不同因素表达具体的含义，从而完成交际行为。语言能够通过排列组合创造出数量庞大的语言形式，还具有无限的理解功能，这一点是动物甚至计算机都无法比拟的。

正是由于句子数量无限性的特点，在交际过程中提高了理解的难度。为了更好地理解句子，语言学家总结出一系列的语言使用规则，使我们能更好地理解语法程式的运作。语言的交际过程如图 1-4 所示。

图中的字母分别表示如下含义。

A：代表人类世界。

B：代表人运用五感所能捕捉到的世界部分。

C：代表在人类五感的作用下，说话人所注意到并将之用于交际的部分。

D：代表在 C 的范围内，说话人语言表达的部分。这种语言表达带有抽象性与局限性。

E：代表听话人理解到的部分。

D 和 E 的重合形成了第 V 阶段。在这个阶段，数字 1 代表的是说话人传递出去的信息，数字 2 代表的是说话人未传递出的信息，数字 3 代表的是说话人未表达，但是听话人所了解的部分。

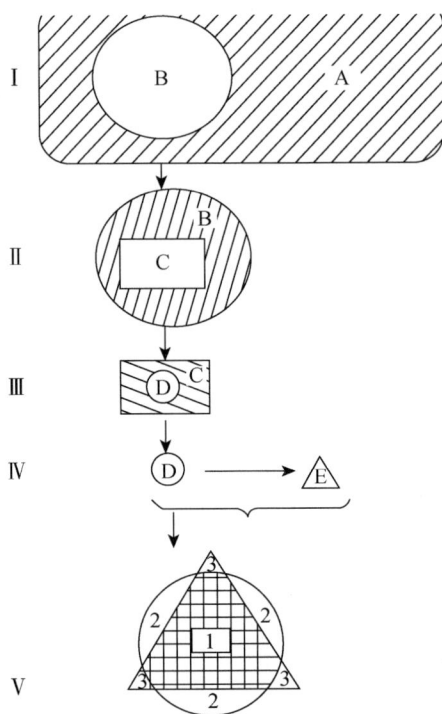

图 1-4 语言的交际过程

在实际交际过程中，语言环境具有复杂性，因此如果无法列出所有的交际范围，也就无法进行十分系统的设定。只有交际者了解一定的语言规则，同时具备灵活的交际技能，才能促进交际顺利进行。

总体而言，交际是一个动态的信息传递过程。在信息传递过程中，文化是信息传递所依托的环境，语言和非语言是信息传递的重要渠道。交际既依赖于语言和文化，又促进语言和文化的习得和传播。❶ 语言的使用反映了人们的价值观念、生活方式和思维习惯，而社会文化的发展变化是语言赖以生存和发展的基础，交际则是联结语言和文化的纽带。因此，语言、文化与交际是一种水乳交融、不可分割的"三位一体"关系。

---

❶ 张红玲. 跨文化外语教学［M］. 上海：上海外语教育出版社，2007：84.

第二章　文化与外语教学的关系

第一节　文化与语言

　　每一种具体语言都带有某种印记，反映着一个民族的特点。每一种具体的语言，不论属于哪个民族，都具有确定的性状，其语词、形式和联结方式是承袭下来的，并因此对一个民族产生影响。语言的这种影响，并不仅仅是它对来自民族的影响的反作用，对于这个民族来说，来自语言的这种影响乃是语言原初本性的一部分。❶

一、单词

　　单词的意义通常是由文化所决定或限制的。❷词汇是构成语言的基本元素，是语言体系的基础，词汇使语言得以表达大量的概念，因为不同的历史、地理、宗教、习俗、生活方式、价值观，不同的语言对同一个单词有不同的解读，不同的语言对事物、经验、感情都有特定的标识和命名。不同文化的特征经过历史积淀都在词语中留下了痕迹，所以文化差异在词汇层次上表现得最明显。

---

❶ 洪堡特. 洪堡特语言哲学文集[M]. 姚小平，译. 湖南：湖南教育出版社，2001：4，67.

❷ Lado R. *Linguistics Across Cultures*：*Applied Linguistics for Language Teachers*[M]. Ann Arbor：The University of Michigan Press，1957：113.

在语言中，民族特性的类似影响表现在两个方面：一是具体概念的构造；二是语言所拥有的一定类型概念的相对丰富程度。形形色色、千差万别的事物，其名称由此会获得同一种色调，它反映出一个民族理解世界的特点。此外，很明显，与某种精神倾向有关的表达会异常丰富，例如，梵语有大量宗教 – 哲学用语。各民族不同的世界观、民族特性也在词的意义上映现了出来。❶ 例如：

（1）文化内涵词（culturally-loaded words），即蕴含丰富社会文化意义的词或短语，总是同民族的文化背景、风俗、社会制度的变革和社会生活的变化密切相关。

（2）有些表示同一事物或概念的词，只在一种语言里有文化内涵，在另一种语言里则没有；有些词在一种语言里存在，在另一种语言里却没有对应词；或者在两种语言里，有些词语表面上意义相同，其内涵意义却不同甚至相反。

（3）某些概念在一种语言里只有一种表达方式，而在另一种语言里则有多种表达方式，也就是说，另一种语言对这种事物或概念有更细微的区别。例如，汉语中松、梅、竹对华人来说具有特殊的文化意义，是"岁寒三友"，代表着君子和高洁的品格，但是学习汉语的外国人由于缺乏中华文化背景就很难产生这样的联想，很难理解这些单词背后的文化意蕴。同样，美国之音特别英语节目曾做过系列节目"单词和背后的故事"，其中有一集介绍了很多关于棒球的表达，例如：on the ball（机灵，有见识），throw a curve ball（做了意想不到的事情），step up to the plate（准备好去工作），a pinch hitter（代替者），strike out/go down swinging（尝试但失败了），hit a home run/hit it out of the park（事情做得相当棒），right off the bat（立即，立刻），bat one thousand（做得非常好，很成功），touch base with you（不时告诉你某事），touch all the bases（为完成工作，做了所有必需的事情），cover my bases（我准备好了），way off base（做错事或者不诚实），out in the left field（有着奇怪想法的人），a ballpark figure/a ballpark estimate（不知道自己想卖掉的东西值多少钱），in the ballpark（对方的出价与自己的售价很接近）。这些与棒球有关的词语对于不熟悉棒球运动的人来说很难理解，但对棒球运动流行地区的人来说，则很容易理解。可见，文化体现在词语中，词语也反映着文化。

二、句法

英语是一种具有严格语法规则的语言，而汉语的语法规则相对灵活。英语用的是有分支

---

❶ 洪堡特. 论人类语言结构的差异及其对人类精神发展的影响 [M]. 姚小平，译. 北京：商务印书馆，1997：106，220.

的句子模式：主语和谓语形成全句主轴，如有宾语和补语，可在主轴上延伸，定语及状语则以分支的形式，通过关联词语与主轴相连。汉语则依赖时间顺序，采用线性的句子模式。这两种语言的差异与文化传统和思维方式相关。例如在汉语中，动作的发出者常常是句子的主语，句子多用主动语态，体现了汉文化以人为出发点的认知特点；英语常常使用非人称名词作主语，体现了以客观实在为出发点的思维认知模式。英语中被动语态使用广泛，尤其是英语科技文体中，使用被动语态成了一种习惯表达，汉语中被动语态使用较少。

1. 语篇

语篇，是指文章中句子之间的语言形式上的联结（cohesion）和句子表达的概念在语义逻辑上的连贯（coherence）。根据 Kaplan 的研究，英语篇章的组织是直线型，常用演绎，即英语段落通常以一个主题句开头，再按照一条直线展开，在以后各个句子中发展这一中心意思；汉语篇章的组织是螺旋型，以语义为中心，句子之间没有太多的连词，而是靠思维的连贯、语义的上下呼应来表达完整的意思。

2. 语域

语域，是指不同的文化背景会对人的言行打上文化的印记，直接影响他要表达的内容和他对说话人所讲内容的理解。例如，汉语和英语的称呼、打招呼与告别、祝贺与邀请、恭维与表扬、委婉语与禁忌语、感谢与道歉、社交礼节等都存在不同程度的差异；在非言语交际层面，如姿势与动作、体距与接触、衣着、面部表情与目光接触、手势等，也有很大差异。

第二节　文化与思维

语言对人的主要影响涉及他的思维力量，涉及他在思维过程中进行创造的力量，因此，从更深刻的意义上说，语言的作用是内在的和构建性的。❶ 思维不仅仅依赖于一般而言的人类语言，在一定程度上也为每一具体的语言所限定。❷ 语言相对性指的是语言影响人类思考的程度。人类并不是孤立地生活在客观世界，也不是孤立地生活在一般所理解的

---

❶ 洪堡特. 论人类语言结构的差异及其对人类精神发展的影响[M]. 姚小平，译. 北京：商务印书馆，1997：34.
❷ 洪堡特. 洪堡特语言哲学文集[M]，姚小平，译. 长沙：湖南教育出版社，2001：25.

社会行为的世界，而是很大程度上由特定的语言所处置，语言成为表述其社会的媒介。设想语言仅是一种附加的解决交际或者思考特定问题的方法，或认为一个人基本不需要使用语言便可适应现实，这只是一种错觉。事实上，"真实的世界"在很大程度上是无意识地建立在群体的语言习惯上的，不同文化中的人所生活的世界是不同的世界，而不仅仅是贴上不同标签的同一个世界。我们看、听、经历的就如同所做的一样，因为我们群体的语言习惯已预先设置了一定的阐释选择。❶ 语言不仅是表达手段，更重要的是认知手段；语言不仅是表述已知真理的手段，在更大程度上是揭示未知真理的手段。语言不仅是供人达到相互理解目的的媒介，更是一个民族进行思维和感知的工具。语言的差异不是声音和符号的差异，而是世界观本身的差异。❷

文化体系具体表现于人们所使用的语言中，这个文化框架塑造了语言使用者的思维。语言相对论认为，说不同语言的个体用不同的方式思考同一个世界，语言相对性假设表明语言、思维、文化具有紧密联系，语言作为文化的一部分，通过思维和感觉影响人类的行为，于是将文化与人类行为联系起来。❸

语言具有社会性，其发展受到地域和传统文化规范的影响。语言通过一个民族的思维－感觉方式而获得一定的色彩和个性，事实上，这种思维－感觉方式从一开始就影响语言。❹ 世界上各种语言与文字在发音和书写形式方面千差万别，在逻辑推理方式上也截然不同。语言的推理方式就是思维方式的具体表现，思维方式是沟通文化与语言的桥梁。一方面，思维方式与文化密切相关，思维方式的差异，正是造成文化差异的一个重要原因；另一方面，思维方式与语言密切相关，语言是思维的主要工具，是思维方式的构成要素。思维以一定的方式体现出来，表现于某种语言形式中，思维方式的差异，正是造成语言差异的一个重要原因。语言的使用体现思维的选择和创造，翻译的过程，不仅是语言形式的转换，而且是思维方式的变换。❺

中西方思维方式分属于伦理型与认知型、整体型与分析型、意向型与对象型、直觉型与逻辑型、意象型与实证型、模糊型与精确型、求同型与求异型、后馈型与超前型、内向型与外向型、归纳型与演绎型，因而产生了诸多差异。语言的推理方式从语言的行文脉络

❶ Chen Guo-Ming, Starosta, William J. *Foundations of Intercultural Communication*［M］. Shanghai：Shanghai Foreign Language Education Press，2007：187.
❷ 姚小平. 洪堡特——人文研究和语言研究［M］. 北京：外语教学与研究出版社，1995：135.
❸ Rogers，Everett M，Steinfatt Thomas M. *Intercultural Communication*［M］. IL：Waveland Press，Inc，1999：141.
❹ 洪堡特. 论人类语言结构的差异及其对人类精神发展的影响［M］. 姚小平，译. 北京：商务印书馆，1997：194.
❺ 连淑能. 论中西思维方式［J］. 外语与外语教学，2002（2）.

中就可以看出来。Kaplan 通过比较各种语言的推理方式，在对 500 篇不同文化背景的英语学习者所写的英语文章进行分析后，发现了英语学习者在逻辑层面和篇章结构上存在的差异，比如，具有中华文化背景的学习者写作时常常采用迂回的手法。Kaplan 发现文章的篇章结构也受到语言文化因素的影响，不同的语言文化理解导致交流方式的不同，也造成外语写作中的障碍。英文式（English）的推理方式以美国人的思维方式为特征——"开门见山"式的开题、不拐弯抹角、直接说出观点，称为垂直思维；东方式（Oriental）的推理方式则称为螺旋思维，思维围绕中心，比较缜密，整个布局就像旋涡。亚洲国家如中国、日本的写作者较多使用归纳式的写作模式，英美写作者常用演绎式的写作模式。❶

第三节　文化与交际

语言交际与文化紧密相连，文化在语言交际中具有重要意义，因为，除非我们充分了解使用语言的文化背景，否则我们不能真正获取语言中的信息。文化离不开人类的参与，无论是言语还是非言语，交际与文化都相互作用，这种交互作用使交际富含文化。文化是交际的基础，在文化中我们学会如何交际，正是文化教会我们如何交际。交际亦影响文化的结构，交际反映并传播文化，文化告诉我们应该如何说和做，并在我们的交际模式中得到展现。文化和交际前后串联，不可分开：常常很难断定谁是声音、谁是回音。跨文化交际是指来自不同国家文化的人之间的交际，很多学者将其限定为面对面的交际。当大量的和重大的文化差异导致不同的理解，并使人们期望更好地交际时，跨文化交际就产生了。也可以说，具有不同文化背景的人进行交际的过程就是跨文化交际。

在跨文化交际中，文化差异会导致实际交际模式"5W"——交谈什么（What）、和谁交谈（Who）、在什么时间（When）、用什么方式（How）、交谈的地点（Where）——方面的重大差异。文化和交际这种不可分割的关系意味着在跨文化交际中，真正具有重要意义的是文化差异，尤其是那些属于深层结构的价值观，它们影响交际的进行。

价值观决定人们交际的方式，人们的语言交际、非语言交际、人际关系、人们交际的方式都受到价值观的支配。正如交际是价值观的媒介，交际被我们的价值体系所塑造，因

---

❶ Kaplan R B. Cultural Thought Patterns in Intercultural Education[J]. *Language Learning*, 1966(16): 1 - 20.

为价值观决定什么事值得做，什么事不值得做，价值观规定人们选择在交际过程中行为的方式。我们的价值观，影响着我们交际渠道的选择。

很多时候，中国大学生会对外教说"Sorry, my English is poor"，使外教很奇怪："你什么也没做错，为什么说 Sorry 呢？"外教反而经常鼓励学生："你的英语比我的汉语好啊！"这背后其实反映出价值观的差异。中国人交际时十分谦虚，在交谈和处理人际关系时考虑和谐，中国人信奉"多思、少说、厚积、沉默是金"，言谈举止中比较委婉含蓄。反映在课堂上，有时会出现学生安安静静地坐着的情况，即使学生知道问题的答案也不会主动回答。这让一名华裔美国籍外教感觉很困惑，她说在美国上课比在中国上课容易，因为在美国课堂上，学生会很积极地配合，而在中国课堂上，学生则会很安静地等待，这让她困惑：自己讲得不好呢，还是学生没听懂？而一名加拿大籍外教在课堂上提出一个问题后，没人回答，于是他叫一名学生起来回答这个问题，学生回答正确，外教费解地问她为什么不主动站起来回答问题，学生的解释是怕丢脸(lose face)。

价值观影响着我们在社会中的行为，价值观并不描述我们如何在一种文化中活动，但却指导我们应该做什么、不应该做什么。价值观成为我们作出所有决策的基础，并为我们提供标准去评价我们自己和其他人的行为。价值观是人类行为的引导力量，我们所持的价值观与我们交际的方式紧密相连，交际也反映价值观。我们做什么或者说什么，一方面反映我们个人的动机，一方面又受到语境的限制，我们大部分的语言和行为，反映出那些深深嵌入我们头脑中以及我们在社会化过程中习得的价值观。价值观一般都是通过言语和非言语行为展现的，口头表述凸显个体或群体特定价值观的重要性，在非言语方面，我们在交际时倾向于通过社会礼节来展示价值观。

人们可以通过言谈中所涉及的内容观察一个人的价值观，也可以通过交际方式和言谈举止观察其价值观。一名外教曾经指出中国学生在口语表达中喜欢引用名人名言，在写作文时更是如此，似乎名人名言就能佐证其观点。即使那个"名人"外国人根本没听说过，或者"名人"所说的名言与学生所讲、所写的内容毫不相关，学生还是乐此不疲地引用，这背后反映出中国学生比较遵从权威的文化性。

第四节　文化与外语教学

在第一语言习得中，文化的习得和语用规则的习得是与语言习得平行发展的，即生活在母语环境中的人在习得母语的同时也习得本民族文化。语言的交际功能和传承文化的功能很自然地融合在一起，让人几乎觉察不到这两者之间的关系。但在第二语言的习得中，则往往忽视了文化因素，即在学习外语过程中，语言这两种功能的差别就显现出来。儿童在习得母语的同时也习得了母语文化，外语学习者在学习外语的同时也需要学习目的语文化。正因为语言、文化、交际密不可分，外语教学中才包含文化教学，语言并不只是一些语言形式或者语言规则的排列组合，学习和使用外语的过程其实就是跨文化交际的过程，文化就是影响跨文化交际的重要因素。与外国人交往的能力不仅取决于外语技能，还取决于对目的语文化习俗的理解，而且跨文化理解是现代国际社会中教育的目的之一，因此有必要在外语教学中进行文化教学。

文化教学对语言教学至关重要，它可以使语言学习者在语言学习过程中理解和接受异域文化，达到良好的跨文化交际效果。国内外语言教学界达成的共识就是，文化教学是语言教学不可或缺的一部分，语言教学就是文化教学，文化教学中的文化包括民族的历史、宗教、价值观、世界观、风俗习惯、社会组织、社会制度等。需要指出的是，并不是说一个人缺乏外国文化知识就不能进行交际，交际可以随时发生，甚至没有学过目的语的人也可以进行交际，例如通过翻译、手语、他人的帮助来沟通；但是世界上并不存在完美的翻译，不同语言在不同文化背景中产生，不可能完全对应。也许物质名称可以对应，但感情因素、信仰因素就不能完全对应，甚至不能翻译，所以有效的交际就十分困难。仅仅具备语言结构方面的知识不能洞察目的语文化的政治、社会、宗教或经济等，只能从单一的角度来感知、理解、形成和表达思想，这种单一视角会导致狭隘的自满和自满的狭隘。

大学英语教学中的文化教学应该致力于培养大学生的文化敏感性和应对文化多样性的能力，以提高全民族的文化素质。针对我国大学英语的教学对象，即非英语专业的大学生来说，学习目的语的同时一定会伴随着学习目的语文化，这是学生开阔视野，建立文化身份，培养批判性思维方式，学习包容和审视目的语文化和母语文化的过程，而且目前理想的学习目的语文化的场所就是外语课堂，所以高校除了关注语言教学之外还应系统地进行文化教学。

第三章　外语教学中的文化教学

在全球一体化进程中，世界各国人民的交往日益频繁，相互联系更加紧密。来自其他文化的物质文明较为容易接受，但是其他文化中与自身文化存在巨大差异的精神文明，如宗教、社会规范、价值观念以及行为方式等，就难以接受了。不同文化背景的人们从事交际时避免不了文化差异问题。随着外语教学在世界各国的蓬勃发展，各国受过高等教育的人一般都修过外语课程。在国际交流过程中，语言已经不是障碍，真正的障碍是人们对于不同文化模式和文化传统的不理解和不接受。所以在对外交流中，如果不了解外国文化，就不可能用外语进行有效的交际。在我国，传统的外语教学重语言形式，轻文化因素，培养的学生缺乏跨文化交际能力。我们越来越清晰地感觉到，要想用外语进行有效的交际，就必须了解外国文化，体验中外文化差异，提高自身的社会文化能力和跨文化交际能力，跨文化交际研究和文化教学必须提升到重要位置。

培养学习者对异域文化的认知能力与跨文化交际能力，避免外语应用过程中可能出现的文化冲突已经成为外语教学的重要目标之一。外语教育界普遍认为，衡量现代外语人才的重要标准是看他们是否具有文化认知能力和跨文化交际能力。由于跨文化交际学的引入，外语教学已经进入了一个新的时代——跨文化交际时代。如今的跨文化交际英语教学是一种崭新的教学理念和教学模式。它是区别于传统英语教学，体现英语教与学真实目的的实用教学模式，英语教学界已把是否将跨文化交际纳入英语教学内容作为区别传统英语教学和现代英语教学的主要标志之一。

第一节　文化教学回顾

外语教学从最开始就伴随着文化教学，文化一直是其教学内容的一部分，只是人们没有意识到而已。当然，在外语教学中有意识地进行文化教学已经有很长的时间了。由于各个国家的教育体制和语言环境不尽相同，其外语教学呈现出不同的特点，其文化教学理念和方式也各不相同，但是文化教学在外语教学中的发展轨迹大体相同，反映了广泛的国际交流与合作对教育产生的影响。

一百多年来，外语教学中的文化教学经历了从注重阅读能力的培养，到注重交际能力的培养，再到现在关注跨文化交际能力培养3个主要阶段，形成了2种教学方法——文化任务教学法和文化过程教学法；出现了4种教学模式——外国文化模式、跨文化模式、多文化模式和超文化模式。无论美国、欧洲还是中国，文化在外语教学中的作用和地位变化基本都经历了上述3个阶段。这一发展历程证明外语教学的历史就是其不断改革、适应外部环境和满足社会发展需要的历史。跨文化交际能力的概念在跨文化交际学和外语教学之间搭起了一座桥梁，将这两个学科紧密地联系起来。

外语教学最初是为了满足少数精英人士阅读和翻译外国文学作品，包括一些宗教书籍的需要，因此，文学作品在当时甚至之后很长一段时间，都是外语教学的主要材料。由于文学作品蕴含丰富的文化内容，是反映文化现实的最佳途径，所以，最初文化进入外语教学是通过文学作品，学习者在阅读文学作品的过程中，了解到一些关于目的文化的信息。随着外语教学的逐渐普及和听说法的推广，人们学习外国语言的动机和目的不再局限于文学作品的阅读和翻译，人们认识到学习和了解目的语国家的相关文化背景十分重要，因此外语教学课程中开始设置英美概况等课程，这些单独开设的文化课程成为文化教学的主要渠道。20世纪80年代，交际法外语教学的兴起使文化教学的内容扩展到目的文化的日常生活、学习和工作的各种情境所包含的文化习俗和规范。然而，无论是通过文学作品、背景介绍，还是外语交际练习，文化教学都是以辅助外语语言教学为目的，处于附属地位。而且，这样的文化教学缺乏明确的目标和系统，在教学大纲、教材编写、教学设计和测试中没有得到理论工作者和外语教师应有的认可。

令人欣慰的是，经济全球化给不同国籍、不同语言、不同文化的人们以相互交流的机会，跨文化交际变得日益频繁。20世纪90年代，外语教学界对文化教学地位的认同感得到了加强。在欧美各国，文化教学的目标和要求在全国性的外语教学大纲中都已得到明确的体现。近年来，我国教育部颁布的《高等学校英语专业教学大纲》和《大学英语课程教学要求》都将培养学生语言综合应用能力和跨文化交际能力作为重要目标。但是在大纲的主体，即教学要求、教学内容、课程设置、测试评价等方面都没有针对跨文化交际项目进行描述。因此，在外语教学中进行文化素养和综合素质培养的目标显得有些空洞，这需要各高校制定具体的跨文化外语教学大纲且教师严格执行教学大纲，上述目标方能实现。

文化教学在经历3个阶段的同时也反映了2种主要的文化教学方法：文化任务教学法和文化过程教学法。文化任务教学法就是针对文化知识的传授方法。教师采用这种方法传授一个国家或语言群体的文化事实，即文学艺术、历史地理、宗教政治、道德法规、价值观念、风俗习惯等。教师一方面介绍有趣的文化背景知识，刺激学生学习外语的积极性；另一方面通过文化专题讲授，使学生掌握目标语典型的文化知识。然而该教学法有致命的缺陷：它将语言与文化割裂开来，使文化内容显得零碎、缺乏系统。因此，该教学法受到很多欧美学者的批评。文化过程教学法以文化学的文化定义为基础，将文化看作一个社会构造系统，是"一个不断发展的变体，而不是一个静止不动的实体"，文化教学过程就是一个包括文化知识、技能和态度等的建构过程。该教学法强调文化的系统性、文化与语言的关联性，并承认文化是语言教学的有机组成部分。该教学法的优势和特点非常明显，但是由于它将文化学和跨文化交际学的思想和方法引入外语教学，使原本相当复杂的外语教学研究领域变得更加庞杂。

瑞萨格尔分析了欧洲外语教学的发展历程，归纳出4种适合不同社会发展需要，但又能并存的外语和文化教学模式：

（1）外国文化模式（the foreign-cultural approach）。

（2）跨文化模式（the intercultural approach）。

（3）多文化模式（the multicultural approach）。

（4）超文化模式（the transcultural approach）。❶

外国文化模式的基本内容是以一种文化、一个民族、一门语言和一个具体的地域为基

❶ Risager K. *Cultural References in European Textbooks*：*An Evaluation of Recent Tendencies*［M］. In Buttjes D. Byram M. (Eds). 1990：181.

础,简单地说,就是以目的语言及其相关的文化为教学内容,不涉及目的文化与本族文化和其他文化的关系,也不注重文化内部各个亚文化之间的差异,是一种单一文化(monocultural)的教学。语言教学以 native speakers 的语言水平为目标。这种外语和文化教学观念长期主宰着外语教学界,虽然从 20 世纪 80 年代起,在美国和欧洲一些地区新的观念开始取代外国文化模式,但是在中国和其他很多地区外国文化模式还相当盛行。

跨文化模式是基于这样一种观点:不同文化之间有必然联系。它除了继续强调目的文化的教学之外,还将目的文化与本族文化的关系纳入教学内容,主张进行文化比较,来消除文化中心主义思想,培养文化相对论的思想。目的语言和文化是教学的重点,只是教学目标不再要求学习者成为 native speakers,而是在两种文化之间搭起一座桥梁,用目的语言与 native speakers 进行交流往来。这一外语和文化教学思想从 20 世纪 80 年代开始逐渐流行。美国、英国等国都在教学大纲中明确了外语教学要增强学习者对目的文化和本族文化的理解的要求。

多文化模式强调文化多元化的现象,同一社会和国家存在多种不同的文化群体,尤其是在人口流动频繁的今天,多元文化和多种语言并存几乎是每个社会和国家的普遍现象。因此,外语教学必须适应这一形势,不仅要帮助学习者了解目的文化和本族文化,也要使他们认识到目的文化和本族文化中亚文化(如少数民族文化)的存在和特点,以及世界其他主要文化群体的存在和特点。外语学习的目的仍然是培养学习者跨文化交际的能力,不同的是,native speakers 不再是外语学习的目标。多文化外语教学在文化多元现象突出的美国和欧洲已经得到重视。外语教学究竟应该以哪种文化为目标进行教学一直是一个令人困扰的问题。世界人口的流动、大众传播的发展、经济全球化的推进使各种文化之间广泛接触,相互渗透,语言和文化现象变得极其复杂。

面对复杂的文化和语言选择问题,超文化模式以个人生活和跨文化交际的需要为出发点,提出采用第三种语言(即中介语)和第三种文化身份(即 transcultural identity,也就是 Kramsch 所说的 intercultural speaker)的语言和文化教学模式。这一思想受到很多外语教学和跨文化交际专家的积极响应,成为目前文化教学最新潮的模式。

瑞萨格尔着重从文化教学角度概括了外语教学的历史和现状,揭示了外语教学顺应社会发展需要所经历的变迁,虽然没有介绍这些方法的优势和不足,也没有具体阐明它们如何应用于课堂教学实践,但对我们继续深入探讨文化教学有很大启发。文化作为外语教学的有机组成部分已经被各国的外语教学工作者普遍接受,由于社会环境和历史背景不同,文化教学研究和实践各具特色。培养学习者对异域文化的认知能力与跨文化交际能力，避免外语应用过程中可能出现的文化冲突已经成为外语教学的重要目标之一。由于各个国家的教育体制和语言环境不尽相同，其外语教学呈现出不同的特点，其文化教学理念和方式也各不相同，但是文化教学在外语教学中的发展轨迹大体相同，这反映了广泛的国际交流与合作对教育产生的影响。

一、美国外语教学中的文化教学

20世纪60年代，美国经济较为繁荣，人们热衷于出国旅游和学习。这些出国人员跨文化交际能力缺乏，他们迫切需要接受目的语言和文化的培训。为了满足当时的社会需求，很多培训机构为出国人员开设了跨文化培训课程，从而促成了跨文化交际学的诞生。与此同时，美国外语教学界也开始关注语言文化教学。1960年，美国东北外语教学会议将语言文化教学确定为当年会议的主题，会后将主题为"语言学习中的文化"的会议报告以书的形式出版发行。1972年和1988年又举行了第二次和第三次东北外语教学会议，会议的主题依然是研究和探讨语言文化教学，尤其在第三次会议上着重研讨了如何在课堂上将语言和文化进行融合教学的问题，会议发表的论文大都集中反映了当时外语教学中文化教学的研究成果。

美国教育部下设语言教学研究机构CARLA（语言习得高级研究中心），该研究机构为语言教学中的文化教学研究和推广做出了巨大贡献。CARLA于20世纪90年代举办了多次全国性的主题为"以文化为核心进行语言课程改革"的研讨会，并承担了多项跨文化教学的研究项目。其文化教学的研究成果与实践经验为当时和以后的文化教学研究和实践指明了方向。CARLA的研究成果推动了美国的外语教学改革，因此，美国教育部根据新的教育形式和要求，修改了外语教学的全国标准，即全美外语教学大纲，重新制定了外语教学目标，确定了文化教学在外语教学中的重要地位。美国新的外语教学大纲作为一种国家文件，具有很强的指导性和影响力，推动了文化教学的研究和实践，促进了文化教学的普及和深化。该大纲的教学目标由"Communication，Cultures，Connections，Comparisons，Communities"五项组成，其中两项与文化教学有直接关系，另外三项也与文化教学密切相关。大纲还规定了文化教学的标准：

（1）Students demonstrate an understanding of the relationship between the practices and perspectives of the cultures studied.

（2）Students demonstrate an understanding of the relationship between the products and perspectives of the cultures studied.

在这个文化教学标准中，perspectives、practices 和 products 是中心词。perspectives 指的是所学文化的意义、态度、价值观念等；practices 是指文化成员在社会中的交往模式；products 则指衣食住行、音乐美术、法律条文等。文化教学的根本目的就在于理解目的文化的价值观念和意义系统与其成员所表现出来的言行和社会现实之间的关系。这套标准成为日后美国外语教学改革的核心内容。在这套全国外语教学标准的指导下，美国各州相继修改了自己的教学大纲，纷纷在教学实践中贯彻这一改革精神。一股"跨文化交际研究与跨文化外语教学"的热潮在全美蔓延，并迅速扩展到其他西方国家，掀开了语言文化教学新的一页。此时，外语教学中的文化教学和跨文化交际培训在美国已成为文化教学的两大阵地，两个领域相互沟通，有机结合，相得益彰，大大推动了美国外语教学中的文化教学。

这种将语言和文化教学相结合的形式不仅大大提高了学生学习外语的积极性，而且使学生可以通过跨文化交际与理解，领悟到世界是多元的，文化是不同的，人们的文化背景存在很大差异。通过跨文化外语教学和跨文化交际培训，学习者逐渐克服了单一狭隘文化观念的束缚，逐步修正了原来对世界的片面认识，从而慢慢形成对他国文化较为客观的认识。

二、欧洲外语教学中的文化教学

欧洲很早就开始了文化教学，但是真正把文化教学与外语教学相结合只是近三十年的事。凭借良好的合作条件，欧洲各国的文化教学研究发展迅速，而且理论研究与教学实践紧密联系，因此欧洲的文化教学取得了巨大的成功。

20 世纪 70 年代至 90 年代欧盟进行了四次改革，其目的是提高外语交际能力，加强成员国之间的相互了解和合作。交际法外语教学的应运而生在很大程度上迎合了这种需要。但是就培养跨文化交际能力而言，交际法外语教学还存在很多不足，特别是对语言和文化在外语教学中有机结合的广度和深度研究不够。因此，从 20 世纪 80 年代开始欧洲进行了一系列大规模的语言教学改革和文化教学研究。许多欧洲国家开始改变采用"语言 + 文化"的传统方式来处理语言文化教学。有的国家明确地将社会文化的内容通过其他科目融入语言课程，各国开始重视在外语教学中加入与外语本身紧密相关的社会文化因素。1988 年，欧盟出版了两本关于文化教学的论文集。论文内容涉及文化教学的模式、文化学习的方式、课堂文化教学实践、跨文化交际能力培养。1989—1996 年，欧盟实施了一项旨在提高外语学习者的社会文化能力和跨文化交际能力的现代语言计划，即"欧洲公民语言学习计划"（Language Learning for European Citizenship）。英国学者拜仁（Byram）和法国学者扎雷特（Zarate）是该语言计划的负责人。他们带领欧洲各国语言专家对外语教学中的社会文化因素进行了广泛深入的研究，对各种语言文化教学方法进行了实践，取得很多有价值的文化教学成果，保证了"欧洲公民语言学习计划"的圆满完成。

欧洲各国的语言文化教学的发展具有独有的历史和社会背景，与美国的情形不尽相同。第二次世界大战以后，欧洲各国的外语教学主要采用美国的听说法，在各学校的外语教学中，语言知识的讲授和语言技能的训练在外语教学界居于学术地位，这为文化教学得到应有的重视做出了卓越的贡献。

由于受到欧盟这一大型研究项目的影响，欧洲各国纷纷主办文化教学研讨会、讲习班和实验课，极大地提高了教师的文化教学意识，促进了文化教学思想理论的推广和应用。研讨会方面，1995 年在英国杜伦大学举行了两次研讨会，主题分别为"Intercultural Dimensions of Foreign Language Teaching and Learning"和"Drama, Cultural Awareness and Foreign Language Teaching"。这两次研讨会后出版了论文集 Language Learning in Intercultural Perspective：Approaches Through Drama and Ethnography（Byram and Fleming, 1998）。该论文集从学习者、教师和研究者等多个视角探讨了文化教学和文化研究的问题。讲习班方面，英国的麦克·拜拉姆主讲了"The Intercultural Dimension in Language Learning for European Citizenship"，西班牙的 Ana Altai 等主讲了"Can a Cultural Syllabus be Integrated in the General Language Syllabus"，意大利的 Daniela Sorani 等主讲了"Satellite TV：a Flexible Learning Environment to Promote Cultural Awareness"，芬兰、奥地利、瑞士和挪威也举办了相应的讲习班。实验课方面，英国杜伦大学教育学院与法国教学研究院合作了一个研究项目："Cultural Studies：'Civilisation' for Advanced Language Learners"。该项目采取实验课程的形式，旨在改革现行文化教学，创建一套系统的文化教学理论和方法。该实验课程确定了文化教学原则、教学内容和教学目标。教学原则为循序渐进原则和授之以渔原则，以帮助学生学会独立学习。教学内容为围绕法国文化的 5 个侧面——家庭、教育、工作、地域特点和政治——展开教学演示。教学目标为使学习者能够设身处地地理解法国人，对做一名法国人有一定的感受；掌握法国文化的一些关键知识；利用人种学文化研究方法的某些技巧来接触、观察和了解外国文化，并培养较强的好奇心、开放的态度和独立研究与学习的能力；增进对自己本族文化的理解，将本族文化置于具体时间、具体地点，相对、客观地看待和分析，而不是将其作为规范；认识到语言与文化之间的密切关系，对具体的语言和非语言交际行为有所了解，并能恰当地使用这些知识；对法国人及操其他语言的人们持积极、肯定和感兴趣的态度。参加实验课程项目的外语教师设计了一系列新颖的教学方法以实现以上教学目标。这一实验课程的结果在欧洲具有极高的文化教学参考价值。

三、中国外语教学中的文化教学

纵观国外文化教学的发展，人们不难发现外语教育中的文化教学常常受社会、政治、文化因素的影响，必须适应社会发展的需求。相对于美国和欧洲国家，我国文化教学研究和实践显得相对落后。

20 世纪 80 年代初，中国开始出现文化教学的讨论。但是中国较为保守和封闭的文化传统、对外来事物的政治化与过分谨慎的态度在很大程度上影响了人们对文化教学的认识，阻碍了文化教学的有效开展。

20 世纪 80 年代的文化教学状况不尽如人意。一些外语教师只凭自己的兴趣和偏好给学生介绍一些外国文化知识，开展一些与文化有关的课堂活动，但这些教学活动并非真正意义上的文化教学。一是当时没有专门的文化教学大纲和配套教材，二是缺乏科学的文化教学理论与方法。

到了 20 世纪 90 年代，我国外语教学界引进了国外跨文化交际学说并尝试了各种新的外语教学法理论。在很短的时间内，我国语言学家、应用语言学家、对外汉语教学专家和外语教师在文化教学问题上达成了共识。这个共识就是：文化教学是外语教学中不可缺少的组成部分。我国学者和外语教师在文化教学研究和实践方面做了不少工作。邓炎昌、刘润清、顾嘉祖、王福祥、吴汉樱、胡文仲、高一虹、陈申、王振亚等知名学者都先后著书立说，对语言和文化、语言教学和文化教学进行研讨。另外，无数外语教师在教学第一线对文化教学理论进行实践，对文化教学方法进行探索。半个多世纪以来，我国教育部针对大、中、小学英语教学制定和颁布了 30 多种大纲，这些全国性的外语教学指导文件促进了中国外语教学整体水平的不断提高，同时体现了中国外语教学的发展历程，是中国外语教学逐渐走向成熟的有力见证。然而，就文化教学而言，所有教学大纲都不完善。例如，我国教育部最新制定的《高等学校英语专业教学大纲》和《大学英语课程教学要求》在论述教学目的时都强调了学习外国文化、培养文化素养和综合素质的重要性。但是，两部大纲都是围绕语言教学制定的，没有对文化教学目标、教学要求、教学内容、课程设置、教学方法和教学测试做出明确规定，即没有针对跨文化交际项目进行描述。因此，在外语教学中进行文化素养和综合素质培养只是一句空话，最多只能依靠教师自己的理解和经验，偶尔在有限的范围内向学生介绍一些零星的文化知识，组织简单的课堂活动。这类文化教学活动大都过于简单，远非真正意义上的文化教学。其后果是学生文化技能和跨文化交际能力远远低于他们的语言能力。

到目前为止，关于语言教学和相关文化教学是否可以分割的辩论以及关于是否需要在外语教学中导入文化教学的争议都已成为历史。但是，对于如何在外语教学中实施文化教学这个问题的探讨正方兴未艾。新观念、新方法、新建议层出不穷，众说纷纭，百家争鸣。争论的焦点始终围绕在四个关键性问题上：其一，外语教学中的"文化"究竟是指什么？其二，如何构建一套较为完整的理论框架来指导语言文化教学实践？其三，采用什么样的教学手段使外语和相关文化有机融合，以使外语学习者既习得语言又习得文化？其四，什么样的跨文化外语教学模式最适合中国国情？

第二节　文化教学在外语教学中的作用

正因为文化和语言紧密相连，语言教学中一直有文化的输入。早期的语言教学中，文化教学主要是了解目的语文化的信息，文化传授的主要内容包括文学和文化背景的介绍，强调文学、历史、地理、经济等"大写的C"（culture）文化。20世纪后半期，随着交际教学法被广泛接受，文化教学的内容不断延伸，涉及目的语文化的社会准则、日常生活的规范、工作、学习、生活方式等各个方面，由"大写的C"文化转变为观念、态度、行为模式等"小写的c"文化，文化教学目标从传授目的语文化的信息转为培养学生的交际能力。语言教学中更加关注文化教学，例如在美国，文化教学的目标被写入教学大纲中。

国外学者弗列斯（Fries）最早提出外语教学必须进行文化教学，学习者通过学习语言提高文化理解力。❶ 文化在语言教育中起着重要作用，不懂得文化就不能真正学会语言，在语言教育中应该充分考虑文化的差异，而且应该深入分析文化对比。通过对学习者的母语和目的语的体系(形式、意义)进行对比，预测两种语言间的差异造成的学习难点，从而在教学中采取预防性措施。学生在学习外语时，凡跟母语相同的要素学起来会觉得简单，凡跟母语不同之处学起来就比较困难。因此，将目的语和母语进行比较，找出它们之间的差异，就能弄清哪些是学生学习的难点，从而促进教学。但是 Lado 提出的文化比较，只对显现在外、易于比较的表层文化进行对比，而忽略了世界观、价值观等深层文化的比较。❷

随着跨文化交际的发展，许多学者提出从跨文化交际的角度重新审视在外语教育中如何教授文化，研究语言文化教学如何通过跨文化交际让学生了解外国文化，同时通过了解外国文化提高跨文化交际能力。Brooks 最早对外语教学中的文化进行定义，研究文化教学的内容和方法。他指出，文化是联结人与社会、人与人的纽带和桥梁，人们的思想和行为受到文化模式的制约。文化分为表层文化和深层文化，Brooks 揭示了文化教学与语言教学的密切联系，强调文化教学贯穿外语学习的整个过程。在初级阶段，学生理解母语和目的语之间的表层文化差异；在第二阶段，学生探索其他文化层面的问题(如文学艺术作品的文化内涵)；在第三阶段是系统而全面的文化教学，通过阅读经典作品，了解目的语的精神文化内涵，培养对目的语群体的生活方式的意识、洞察力和同情心。❸

运用交际法教学，比以语法为基础的教学方法更能自然地将语言和文化相结合。Nostrand 提出 Emergent Model 的文化分析模式，指出文化教学的内容和文化内容的分类，按此模式，文化包括文化、社会、个人、生态 4 大子系统和价值观等 32 个小项。❹ Seelye 据此提出了文化学习的目标，文化教学的方法以及如何对文化学习进行评价。❺ 但以上研究只对表层文化进行分析，忽视对文化价值观等深层文化的认识。随着跨文化交际研究的深入以及面对全球文化多元化的现实，外语教育受益于文化学习和交际语言教学，学习者不仅要学习目的语文化知识，还要培养在目的语文化环境中得体的交际行为，而且要学习交际技巧和跨文化交际技巧，培养跨文化能力成为 21 世纪语言文化教学的目标。同时，

❶ Fries C. *Teaching and Learning English as a Foreign Language*[M]. Ann Arbor：University of Michigan Press，1945.
❷ Lado R. *Linguistics across Cultures：Applied Linguistics for Language Teachers*[M]. Ann Arbor：University of Michigan Press，1957：1 - 2.
❸ Brooks N. *Teaching Culture in the Foreign Language Classroom*[J]. Foreign Language Annals，1968，1(3)：204 - 217.
❹ Nostrand H L. Empathy for Second Culture：Motivations and Techniques[M]. In G. A. Jarvis(Ed.)，*Responding to New Realities*. Skokie，IL：National Textbooks，1974：263 - 327.
❺ Seelye H. *Teaching Culture：Strategies for Intercultural Communication*[M]. Lincolnwood，IL：National Textbook Company，1984.

研究的重点放在帮助学习者了解目的语文化，使其有效地与目的语国家的人员交际，避免误解和冲突，这为文化教学在外语教学中奠定了重要地位。很多学者提出文化不是静止的，而是动态发展的，所以教师在进行文化教学时，要把文化作为一个动态发展的过程来探索。"文化敏感性"，即学习者可以通过跨文化交际打破对目的语形成的思维定式，建立对目的语文化比较客观的认识和正面的形象。此提法不仅将文化作为"知识和行为"，还将文化视为"意义"，将只重视表层文化行为的研究转向对学习者内化过程和心理变化等方面。

20 世纪 80 年代至 90 年代，Kramsch 提出多元文化互动模式的语言文化教学，他指出在语言研究与教学中，应该避免将语言、文化等列为一对对矛盾体，这样会阻碍我们多角度、全面地看待问题，而应该用多元合一的方式去看待语言、文化，它们是一枚硬币的两个面，这样将语言教学和文化教学有机地融为一体。Kramsch 的观点与语言学家韩礼德(Halliday)一致，韩礼德将语言视为社会符号，文化视为"一座意义大厦，一个符号学建筑，语言是其中一个组成文化的系统"。❶ Kramsch 认为向学习者传递关于外国的文化事实、态度、行为等只能给学习者以参考，只能使学习者在交际中"知其然"，而不能保证他们"知其所以然"。文化不仅仅是一种外加的知识和技能，也是通过语言发现的一种新的世界观。❷ 对于人类精神力量的发展，语言是必不可少的；对于世界观的形成，语言也是不可或缺的，因为，个人只有使自己的思维与他人的、集体的思维建立起清晰明确的联系，才能形成对世界的看法。文化应该在交际过程中教授，而不是展示事实，教师应该帮助学习者掌握目的语文化本质内涵。我们生活在一个多元的世界，教师在教学中应鼓励文化互动，而不是避免冲突，因为冲突本身就是互动的过程。Kramsch 主张采用文化互动的方式进行文化教学，这不是简单地模仿另一种文化，而是在超越民族文化和另一种文化时，达到第三位置。Kramsch 的主张从单一的文化导入扩展到母语和目的语的双向互动。

英国学者 Byram 调查了欧洲语言文化教学的现状后，提出将语言与文化相结合的综合教学模式，探讨了文化教学的方法、原则、内容、评估方式。Byram 提出文化教学可以采用比较、知识传授、田野调查等方式，让学生了解社会交往习俗、信仰、行为模式、社会政治制度、历史、地理、文化遗产等，使学生理解在本民族文化中难以找到但在外国文化

❶ M. A. K. Halliday *Language as a Social Semiotic*：*The Social Interpretation of Language and Meaning*［M］. London：Arnold，1978：2.

❷ Kramsch C. *Culture in Language Learning*：*A View from the United States*［M］. In K. De. Boot，et al（Eds.）Foreign Language Research in Cross-Cultured Perspective. Utrecht：Benjamin，1991：237.

中具有普遍意义的文化现象，适应具有隐含意义的交际行为。语言文化综合教学模式包含4个要素：语言学习、语言认知、文化认知和文化经验，四者缺一不可，贯穿整个教学过程。文化学习和语言学习不能脱离彼此而存在。❶

但是在外语教学的实践中，一直到20世纪60年代，外语教学中的文化教学都是文学教学，文学作品在相当长的时间内都是外语教学的材料，由于文学作品包含有丰富的文化内容，所以文化通过文学作品进入了外语教学，这被视为学习目的语文化的实质部分。通过阅读，学生可以学习与目的语相联系的文明。这一阶段的文化教学主要是传授"大写的C"文化，"大写的C"文化被理解为表现在观念、价值、历史、制度、文学、哲学和艺术产品中的文化。

20世纪60年代后，人们在外语学习过程中，学习文化的目的从文学阅读转变为成功的社会交际，学习和了解目的语文化变得越来越重要。随着语言学发展了自己的领域，教授语言和教授文学之间的分歧增大。语言教学随后发展成一个独立的学科，随着对书面语的关注转移到对口语的关注，文化被定义为"小写的c"文化。"小写的c"文化一般被理解为日常生活的现象、流行文化的产品以及人们行为的文化，语言教育专家强调文化的重要性并不是为了文学学习，而是为了语言习得。因为在教学目标中交际起重要作用，Brooks提出了文化教学应该贯穿外语教学的全过程，并提出文化岛的文化教学方法。❷ 20世纪70年代至80年代，交际法教学对外语教育产生了影响，教学的重点放在外语使用的语境和背景上，目的是提高交际能力。文化被视为语言教学的重要方面，语言教学的目的是培养学生的社交和文化能力，即交际能力。文化被视为背景知识，主要目的是阻止进入目的语文化的人犯语言和非言语方面的错误。这一阶段的文化教学以"小写的c"文化为主，关注日常生活中容易造成交际失败的文化差异，文化教学的内容关注到目的语文化的日常生活、工作、学习等各种情境。

20世纪80年代之后，文化取得了和语言同样重要的地位，文化教学被用于提高学习者的语言和跨文化交际的能力，文化教学可以帮助学习者了解外国文化，反思母语文化，它与语言教学一样成为教学的目的。Seelye 的 *Teaching Culture：Strategies for Intercultural*

---

❶ Byram M，Morgan C，Colleagues. *Teaching-and-Learning Language-and-Culture*［M］. Clevedon，Avon：Multilingual Matters，1994：5.

❷ Brooks N. Teaching Culrure in the Foreign Language Classroom［J］. *Foreign Language Annals*，1968，1（3）：204－217.

Communication(《文化教学：跨文化交际的策略》)❶强调了外语教学中的跨文化交际，提出外语教学的策略从文化输入转为跨文化交际能力的培养；Stern 的 *Fundamental Concepts of Language Teaching*(《语言教学的基本概念》)❷对外语教学的理论与实践产生了很大影响；Byram 的 *Cultural Studies in Foreign Language Education*(《外语教育中的文化研究》)❸中提出外语教育应该有 4 个基本元素：语言学习、语言认知、文化认知、文化经验。Byram 的语言文化教学理论提出语言与文化相融合的教学模式，把培养"文化意识"或"提供对文化和文明的洞察力"看作文化教学的核心目标之一。他指出文化意识的教学应该涉及两种视角，即使学生同时成为研究者和被研究者，让他们通过比较获得一种视野。在从两个角度进行比较的过程中，学生获得了跨文化交际能力。❹ 他解释了文化意识、建立新的视野和培养跨文化交际能力的关系。文化意识的培养会促使学习者文化态度的转变，提升对外语学习和外国文化的正面态度以及包容不同文化的胸怀。

20 世纪 90 年代，外语教学更加重视文化的教学，文化学习成为培养学习者交际能力的主要因素，文化教授或明或暗地渗透到社会交际、口语和书面语的教学中。Fantini 总结出教授文化的 4 种方法：

(1)语言—文化探索活动。

(2)社会语言探索活动。

(3)文化探索活动。

(4)跨文化探索活动。❺

同时还有文化包、文化丛、文化同化和对文化教学评估的文化教学方法。外语教育的目标是帮助学习者理解交际环境中语言符号展示的含义，语言教学不再是将文化像知识一样传授给学生，而是帮助学生理解使用目的语的人如何使用语言和文化的过程。在文化教学课程建设上，他认为培养跨文化人是外语教学和文化教学的最终目的，仅仅介绍文化事实并不能达到提高跨文化交际能力的目的。不同文化背景决定了我们观察世界的角度，为

❶ Seelye H N. *Teaching Culture：Strategies for Intercultural Communication*［M］. Lincolnwood, IL.：National Textbook Company，1984：35.

❷ Stern H H. *Fundamental Concepts of Language Teaching*［M］. Oxford：OxFord University Press，1983.

❸ Byram M. *Cultural Studies in Foreign Language Education*［M］. Clevedon, UK：Multilingual Matters，1989：136 - 146.

❹ Byram M, Esarte - Sarries V. *Investigating Cultural Studies in Foreign Language Teaching*［M］. Clevedon, Avon：Multilingual Matters，1991.

❺ Fantini A E. Language：Its Cultural and Intercultural Dimensions［A］. In A. Fantini（Ed.），*New Ways of Teaching Ctdture*［C］. Alexandria, VA：TESOL Publications，1997.

达到跨文化的理解，学习者要处于"第三位置"❶，即建立一种新的视野。需要培养学习者以第三视角，即以跨文化人的角度，对比目的语文化和母语文化。它可以使学生同时以局内人和局外人的观点看待目的语文化和母语文化，形成第三视角应是文化教学的目标。将语言教学和文化教学融为一体，强调文化并不仅仅是附着在语言上的一种知识，而是在语言中发现全新的世界观，能全面理解目的语文化和母语文化。文化教学的 7 项目标为：

（1）帮助学生逐渐明白一个事实：所有人都会表现出由文化所决定的行为，即目的文化制约人们的行为。

（2）帮助学生逐渐明白：社会的各种因素，诸如年龄、性别、阶级和居住地都影响着人们说话和行为的方式。

（3）帮助学生更多了解目的语文化在一般情况下的习惯行为，即约定俗成的行为模式。

（4）帮助学生增加对目的语中词和词组的文化内涵的了解。

（5）帮助学生发展根据证据对目的语文化做评价和概括的能力，了解人们对社会文化行为评价的方法。

（6）帮助学生培养搜寻和组织有关目的语文化的信息的必要技能，掌握研究目的语文化的方法。

（7）激发学生对目的语文化在智力方面的好奇心，鼓励学生与该文化的人们在感情上共鸣，对目的语文化持正面的态度。

7 项文化教学目标指出了跨文化能力所具备的文化意识、文化知识、文化技巧、文化态度四个方面的内容。❷

其中第 1、2 项是关于学生的"文化意识"；第 3、4 项属于跨文化知识；第 5、6 项属于跨文化技能；第 7 项目标是跨文化能力应具备的态度。为提高学习者的语言能力、跨文化交际能力必须注重文化的教学，对外语教学中文化的重要作用达成共识，尤其是在教学大纲中体现了对文化的重视。

美国外语教学委员会在 1996 年出版的 *Standards for Foreign Language Education*（《外语学习标准》）中提出了外语教育的 5 个目标，即 SCs：Communications（交际）；Cultures（文

---

❶ Kramsch C. *Context and Culture in Language Teaching*［M］. Shanghai：Shanghai Foreign Language Education Press，1999：233 – 259.

❷ Seelye H N. *Teaching Culture：Strategies for Intercultural Communicatioon*［M］. Lincoln，Illinois：National Textbook Company，1984.

化）；Connections（关联）；Comparisons & Contrasts（比较和对比）；Communities（社区）。[1]

（1）Communications（交际）：外语学习的中心是用非母语语言进行交际，无论是面对面的交际、书写交际或者是通过阅读跨越历史所进行的交际。

（2）Cultures（文化）：通过学习其他语言，学习者获得了目的语的文化知识并了解目的语文化，学生要真正地掌握一门语言必须掌握这一语言发生的文化语境。

（3）Connections（关联）：学习外语为学习者提供与其他知识体进行联系的机会，这些相联系的知识是只会一门语言的人无法获得的。

（4）Comparisons & Contrasts（比较和对比）：通过比较和对比所学的语言，学生会对自己的母语和文化形成更深的洞察力，并意识到存在看待世界的多维方式。

（5）Communities（社区）：社区的元素会促使学习语言的学生在多样性语境中，以适当的文化方式参与到国内或者国外的多语言社区。

《外语学习标准》明确地将"了解并获得其他文化的知识"作为外语学习的标准之一，文化、跨文化被置于外语教育的核心，强调交际、重视文化，要求学习者能够走出母语文化的世界，通过学习其他语言和文化进入目的语文化世界。外语教学委员会将培养学生跨文化交际能力视为外语教育的目标，提出文化教学的三个层次，即了解不同文化、比较不同文化以及跨文化探索。文化类课程在美国高校广泛开设，其内容包括目的语国家的历史、地理、政治、经济、生活方式、习俗、行为规范、思维方式、价值观等各方面。国外语言文化教学的模式主要有：

（1）分离式。在语言教学交际法推广前，语言文化教学基本上是分离式的，将文化看作可以和语言分离开的知识，仅在语言教学中加入这一知识课程，在语言教学中表现为"重语轻文"。

（2）附加式。交际法将文化看作"行为"，语言交际教学以培养学生的交际能力为主，语言文化教学实践中，将文化附着在语言教学上，将文化视为听、说、读、写能力之外的第五项技能，文化被作为外语教学的一个附加部分来对待。

（3）结合式。Kramsch 在 1993 年 *Context and Culture in Language Teaching*（《语言教学的环境与文化》）一书中指出，一直以来，他认为在语言教学中如果强调语言，就会忽视文化；强调交际，就会忽视语法。同时，为了教学的方便，教学实践中将语言和文化分开，

---

[1] *Standards for Foreign Language Learning*：*Preparing for the 21st Century*. Yonkers，NY：National Standards in Foreign Language Education Project[Z]. American Council on the Teaching of Foreign Languages，1996：28.

造成了语言和文化的实质分离，实际上应该将语言和文化视为一枚硬币的两面，把语言和文化的教学融为一体。

（4）复合式。英国学者 Byram 提出的文化教学模式包含语言学习、语言认知、文化认知、文化经验4个要素。语言教学与文化教学相结合，通过培养学习者的跨文化意识和增加学习者的跨文化体验，使学习者认识到看待世界的不同角度和观点。同时，这种跨文化视角亦能促进语言学习、语言意识和文化意识的提升。

在语言课堂上教授文化有2个主要取向：

（1）侧重文化知识的传授，关注文化信息，包括统计信息（文明的制度结构和事实）、高信息（文学和艺术经典）、低信息（日常生活的食物、市集、民俗）等。将文化看作目的语国家和群体文化事实的集合，包括文学艺术、历史地理、宗教、政治、法律、衣食住行等，关注的是文化的事实，而不太关注文化的意义。不能使学习者理解目的语国家的态度、价值观、思想倾向，也无法使学习者关注目的语人群文化身份的多面性，反而加剧了文化的定式观念，也使学习者看不到自己的社会和文化身份。

（2）文化过程教学法，将文化视为一个动态发展的变体，强调文化的系统性，文化学习包括知识、技能和态度等方面。学生对母语文化的反思贯穿学习的整个过程，为理解目的语文化，学习者必须将其与母语文化进行比较和对比。

第四章　大学英语教学中的文化性问题研究

大学英语教学若只注重对语音、语法和词汇等知识的讲解以及听、说、读、写等技能的训练是无法满足交际需要的，更不利于培养学生深厚的人文素养和健全的人格。因此，文化应该作为大学英语教学的一个重要内容。

第一节　大学英语教学的文化性诉求

近年来，大学英语教学的文化性日益受到关注，很多学者和研究者试图通过一些研究有所发现。但是，这些研究通常仅限于专业领域，很多工作在一线的教师未能参与进来，所以这些研究仍处在初级阶段。以目前来看，虽然研究者对大学英语教学的文化性有了一定的认识，但对大学英语文化教学的内容是什么、实现途径有哪些等具体问题仍然没有统一、明确的答案，这就对大学英语教学产生了一定的消极影响，大大阻碍了学生人文素养的形成。

一、大学英语教学的文化性

大学英语教学文化性是指大学英语教学对道德、情感、价值观、生活方式等文化因素的关注及其教育功能的实现。

袁贵仁教授指出，培养优秀的人才是大学的根本任务。大学是通过文化培养人才的。

人既是文化的创造者，又是文化的创造物。大学的一个重要责任就是继承文化、传播文化、创造文化，通过文化的继承、传播和创造，促进受教育者的社会化、个性化和文明化，最终塑造健全的、完善的人。大学教育是一个有目的、有计划的文化过程。人们常说的教书育人、管理育人、服务育人、环境育人，其实就是文化育人。

不论什么教材都或多或少地涉及文化因素，也可以说，不管什么类型的教材都会从侧面体现文化。虽然这一文化特质是教学材料固有的，但使其对学生产生预期的积极效果，使外在的文化内化于心，就要对教学材料中的文化因素加以整理和提炼，充分发挥有益之处，这也是对师生开展的教学活动的基本要求。

二、体现文化性是大学英语教学的必然

(一) 教学对象全面发展的要求

对于非英语专业的大学生来说，他们均有自己的主修专业，这些专业与英语的联系可能很紧密，也可能很松散，所以，他们学习英语的动力可能源于英语教师的引导，可能出于个人的兴趣和爱好，也可能与其自控能力有关。

从当前社会的发展形势来看，精专业、懂外语、身心健康，并且有良好文化素养的学生，更能满足社会发展的需要。大学英语教学对于开阔学生的视野、培养学生的文化素养以及促进学生的全面发展均做出了巨大贡献。

(二) 教学目标中的文化性要求

通常而言，专业英语教学对文化性的要求较高，如《高等学校英语专业英语教学大纲》规定：应培养具有扎实的英语语言基础和广博的文化知识并能熟练地运用英语在外事、教育、经贸、文化、科技、军事等部门从事翻译、教学、管理、研究等工作的复合型英语人才。

非专业的英语教学对学生的要求相对低一些，如《大学英语课程教学要求》提出：应培养学生的英语综合应用能力，尤其是听说能力，让学生在今后的学习、工作和社会交往中能用英语有效地进行交际，并且增强其自主学习能力，提高综合文化素养，以便适应我国社会发展和国际交流的需要。

可见，专业英语教学与非专业英语教学对文化性的重视程度有很大不同。

(三) 英语教材本身文化性蕴含的要求

对大学英语教学来说，教材是承载文化的一个重要载体，教材可以直接或者间接地反

映作者的人生观和价值观，并在潜移默化中影响学生。

大学英语教材往往蕴含丰富的文化知识，教师应该对这些文化知识进行合理的开发和利用，引导学生形成正确的人生观和价值观。

在大学英语教学中，教师有一个重要任务：挖掘、分析、取舍英语教材中蕴含的文化现象和因素，目的是更好地再现教材中的文化内容，使学生思考、感悟其中的文化因素，如信仰、道德、情感、价值观、生活方式和民俗风情等，并受到一定的教育和启示。

（四）丰富课堂内容的要求

专业英语教学与公共英语教学有很大差别，具体体现在教学对象、教学目标、教材设置、课时安排等方面。专业英语教学和公共英语教学的学生对象的学习心理、学习方式、学习习惯等在长期演进中形成了各自的特点，因为专业和非专业学生所接触的文化深度和广度不同，他们的学习动机、学习热情、学习成绩等都会受到不同程度的影响；另外，教师的教学方法、课堂活跃程度也会对学生的学习效果产生直接影响。

一般来说，大学英语教师所教班级相对稳定，教材也较为固定，一位教师很可能在两年里要与某几个班级同时打交道，熟悉的面孔、熟悉的授课方式很容易使学生感到厌烦。另外，如果大学英语教学完全脱离文化，那么学生很快会觉得英语课堂是乏味的，继而失去兴趣。因此，教师在英语语言教学中如果缺少文化知识的引导和渗透，那么师生很快就会陷入尴尬与痛苦的境地，英语教学目标难以达成，更不用说开阔学生的视野和提升良好的人文素养了。

总之，大学英语课程教学要注重文化性，这样才能使英语课堂更加丰富和活跃。

三、大学英语教学要凸显文化性原则

在大学英语教学过程中，教师应该凸显文化性原则，一方面要注重突出目的语文化，另一方面要弘扬本民族优秀的传统文化。如果教师在教学过程中一味地无视传统文化，就会走向极端，最终被异域文化侵蚀、同化，甚或吞没而失去本民族文化。总之，凸显文化性是大学英语教学必须遵循的一项原则。

从宏观上看，首先，大学英语教学要不断继承和发扬本民族优秀的传统文化。其次，大学英语教学要以包容的态度面对不同文化，借鉴其精华部分，使本民族的文化得以丰富。需要注意的是，除了要包容目的语文化之外，本民族文化还要注意创新，推陈出新，在与不同文化交流的过程中得以丰富，不断走向成熟。

从微观上说，首先，大学英语教学应分清主次，文化是大学英语教学的辅助内容，所以任何时候不可变成教学的主体。其次，大学英语文化教学要与课本相结合，课堂上对文化知识的选择要与课文内容相关。再次，文化教学应该注重其实用性。尽可能挖掘一些与学生生活紧密相关的方面，突出实用性，注重材料的教育及指导意义。最后，文化教学要有一定的计划性，与教材紧密结合，将一些基本的文化知识渗透到大学英语教学中。

第二节　大学英语教学中文化性乏弱的表现与归因

一、大学英语教学中文化性乏弱的表现

大学英语教学中文化性乏弱主要表现在以下几个方面。

(一)教材中的文化因素未受到足够重视

大学英语教材中常涉及丰富的文化资源，需要教师注意分析与挖掘。例如，《大学英语精读》第三版第二册第一单元《晚宴》(*The Dinner Party*)一文，讲述了在英国殖民地时期的印度发生的一个故事。最终，因餐桌下的一条眼镜蛇，男性与女性谁更勇敢的争论得以尘埃落定。教师在向学生讲授这一课文时，可以对印度的相关历史与习俗做简单介绍，并且注意介绍西餐的流程与餐桌礼仪，确保每节课都涉及一些文化方面的内容，激发学生学习的兴趣，使课堂变得更丰富。但是，课后的注释部分只简单说明了文章的出处以及相关的几个句子，对于所包含的文化知识并未提及。

目前，大学英语常用的几种教材中，注释部分很少涉及相关的文化知识，对文化因素不够重视，这对学生学习文化知识非常不利。

(二)学生经常出现跨文化交际失误

中国学生在学习英语的过程中，通常习惯用中国式的思维方式与文化准则来分析并理解英语表达，对于其背后隐含的深层含义无法准确地理解，从而使跨文化交际出现失误。

例如，在汉语中，人们用"特别"来形容女士的穿着是很常见的。但是，如果学生用相同的思维方式，对美国人说："You are very special in it."(你穿这身衣服很特别。)他们听了往往会不安地问道："In a good way or bad way?"(是好的方面的特殊还是坏的方面的特

殊?)这是因为在美国文化中，说一个人 special 一般指这个人"心智不健全"，含有贬义。

类似这样的交际失误经常发生，这体现了我国大学英语文化教学严重不足。

(三)教学评价中几乎未涉及文化因素

近年来，大学英语课程的评价方式正由单一的试题测试向多种方式的测试转化。在评价学生的学习状况时，不少学校都采用终结性评价与形成性评价相结合的方式。然而，需要指出的是，无论是终结性评价还是形成性评价，评价的主要是知识方面的内容，文化方面的内容少之又少。

二、大学英语教学中文化性乏弱的归因

大学英语教学中文化性乏弱大致有以下几个原因：教学大纲中缺乏可操作性的具体指导、教学具有明显的功利性、文化碰撞实战演练较少。

(一)教学大纲中缺乏可操作性的具体指导

2007 年 7 月，教育部下发了《大学英语课程教学要求》，作为各高等学校组织非英语专业本科生英语教学的主要依据。整个文件较为详细地规定了听力理解能力、口语表达能力、阅读理解能力、书面表达能力、翻译能力、词汇量等，但是关于"跨文化交际"，仅在教学性质和目标中出现一次，缺乏量化指标和可操作性指导。

(二)教学具有明显的功利性

在"考本位"的教育体制影响下，我国英语教学从小学、初中到高中都呈现明显的功利性。考试考什么，教学就讲什么。其中，初、高中教师为了应对升学，将课堂教学重点放在对语言知识的讲授上，较少涉及文化教学。

受这种学习方式和指导思想的影响，很多高校教师与学生将大学的目标看作通过四、六级考试，教师的教学实践服务于学生英语过级。这可能有利于提升学生的应试技能，但导致学生难以学习到英语文化知识。

(三)文化碰撞实战演练较少

在母语环境中学外语的效果显然没有在目的语环境中学外语的效果好。

我国大学生学习外语大多在国内完成，缺乏外语环境与氛围，与异域文化的接触与碰撞较少。例如，学生在学习西餐中"开胃菜"这一单词时，需要背诵很多遍才能记忆深刻。但是，学生若在外语环境中学习这一单词，就会轻松地掌握并记忆。可见，外语文化氛围

的缺少不利于学生的文化学习。

第三节 大学英语文化教学的内容与目标

一、大学英语文化教学的内容

在我国大学英语教学中，文化教学的内容主要有言语文化、非言语文化以及交际文化。

(一)言语文化

言语文化可细分为语音层面的文化、词汇层面的文化和语法层面的文化。

1. 语音层面的文化

一种语言的语音既是使用该语言的人之间顺利交流的基础，又是说话人文化特征的反映。

例如，美国英语中没有英国英语中的双元音/ɪə/，/uə/，/ɛə/，相应地，是在前面的元音后面添加/r/音，说话人的地域文化特征从其英语发音中可以得到体现。

2. 词汇层面的文化

词汇是意义的载体，蕴含着丰富的文化内涵。对于文化教学中一些蕴含文化内涵的词汇，学生除了要了解其表层含义，还要了解其背后的文化内涵。

例如，在西方文化中，红色(red)通常象征着"危险""激进""叛乱"，在汉语文化中，红色是"进步"的象征。

3. 语法层面的文化

语言文化还涉及语法层面的文化。西方人注重理性思维，受此影响，英语重形合，多通过一些连接手段实现句子结构与逻辑的完美，而语法则揭示了连字成词、组词成句、句合成篇的基本规律。汉民族则更强调悟性和辩证思维，受此影响，汉语重意合。在大学英语教学中，教师应注意讲授这方面的知识。

(二)非言语文化

非言语行为是传递文化信息、表达思想感情的主要手段之一。胡文仲教授认为，非言语交际是指"那些不通过语言手段诸如手势、身势、眼神、面部表情、体触、体距等的交际方式"。要明确非言语行为的确切含义，必须将其置于特定的语境中。

胡文仲教授依据跨文化交际，将非言语行为分为以下 4 类。

(1)体态语，如基本姿势、礼节动作等所提供的交际信息。

(2)副语言，如沉默、话轮转接等。

(3)客体语，如皮肤的修饰等所提供的交际信息。

(4)环境语，如时间与空间信息等。

(三)交际文化

交际文化与不同交际场合、礼仪习俗、人际关系、价值观念等关系密切。不同文化中的人们在称谓、禁忌、招呼与问候、敬语与谦语、道谢与答谢、恭维与称赞等方面存在很大差异，若不了解这些差异，就会产生跨文化交际误解。例如，在英美国家，人们认为收入、年龄、婚姻等均属于个人隐私，询问这些问题是不礼貌的。学生应了解中西交际文化差异，以便在交际中更得体地使用语言。

1. 称谓差异

称谓是对对方的一种称呼。中西方文化背景、风俗习惯等不同，中西方所形成的称谓用语系统也不同。

在西方社会，人们崇尚"人为本，名为用"的价值观。在非正式交际场合且交际双方关系较为密切时，通常直呼对方的名字。例如，孩子不把爷爷、奶奶称呼为 grandpa 与 grandma，而是直呼其名，以显示亲切。当称呼陌生人时，人们可以单独使用 Sir，Miss，Madam。例如，银行、商店、俱乐部的员工，或公共交通车辆上的司乘人员就经常使用 Sir/Madam 来称呼顾客。

此外，在一些较为正式的交际场合，西方人通常使用"Mr. /Mrs. /Miss + 姓氏"的称谓方式。例如，如果某一成年男子的姓名是 Brian Smith，可称其为 Mr. Smith 或 Mr. Brian Smith，称其妻为 Mrs. Smith。

在中国，自古以来就有"重名分，讲人伦"的传统伦理思想。中国人在使用称谓用语时，有明显的辈分之分。在中国多数地区，称呼父母时，不能直呼其名，对老年人更是如此。此外，中国人经常使用亲属关系来称呼邻里街坊，甚至是陌生人。例如：

称呼与自己父母年龄相近的长辈，可用"大伯、大妈(大娘、伯母)"和"大叔、大婶"等。

称呼同辈成年男子时，可用"大哥、老兄"和"兄弟、老弟"等。

称呼同辈成年女子时，可用"姐姐、大嫂"和"妹妹、小妹"等。

这些称呼的使用不分地位高低，容易使对方接受，并产生好感，这对交际的顺利进行是十分有利的。

不难看出，中西方的称谓用语存在很大差异。学生只有了解这些差异，在语言交际中正确使用称谓用语，才能达到有效交际的目的。

2. 问候差异

西方人在见面时习惯说一些纯属客套的问候语。例如：

Good morning/afternoon/evening!

How are you?

How are you doing?

How is everything?

It's a lovely day，isn't it?

中国人见面时，常以对方的动向或处境为关注点来发问，如"上哪去？""吃过了吗？"这些问题在英美人看来都是隐私，不能随便询问。如果将这些问候用语直接译为英文"Where are you going?""Have you eaten yet?"容易使英美人产生误解。"Where are you going?"可能会引起对方的不快，因此，他们会产生这样的反应："It's none of your business."

3. 邀请差异

在各个社会、各个群体中，均存在邀请这一现象。中西方文化不同，对"邀请"这一言语行为的社会规范也不同，使用的邀请用语自然不同。

在西方社会，正式社交活动都会采用书面的形式向客人发出邀请；对诸如周末聚会、野餐等非正式社交活动，他们一般会打电话告知客人，也可以在见面的时候口头邀请。

西方人发邀请时十分看重对方的意见。例如，美国人发邀请时，常说"Would you like to…"或"…come if you want to"等，给对方选择的自由。这样的邀请在中国人看来是不诚恳的。中国人在邀请别人时，经常使用"不见不散""一定要来啊"等话语，而且要反复说几次，以示诚意。

此外，如果去饭店吃饭，按照中国人的习俗，通常由邀请人付账，但是英美人的习惯不同。对英美人而言，约朋友到饭店吃饭，吃完饭各付各的钱是很普遍的现象。如果对方说"Let's eat together."就暗示"going Dutch"；如果对方说"I'll take you to dinner."则表示对方付钱。

4. 致谢差异

在英语国家，几乎在任何场合、任何关系中，人们都可以使用"Thank you."此外，英语国家的人表达谢意时也常用"Thanks.""Thanks a lot.""Thank you very much."等。

中国人在表达谢意时常用"谢谢""多谢""非常感谢"等字眼。

与西方人不同，中国人在以下几种场合通常不用致谢。

(1)在中国，父母与子女之间、夫妻之间、兄弟姐妹之间、亲密朋友之间，一般不需要表达感谢。

(2)事情属于职责、义务范围时，不用致谢。如果这种情况下表示感谢，会让对方觉得别扭。

(3)面对赞扬，通常不用致谢，以免使对方觉得自己不谦虚。

5. 告别差异

中西方在与客人告别的方式、所使用的语言方面都存在很大差异。

在英美国家，人们在告别时通常会微微一笑，说一些简单的告别用语，如"Good-bye.""Bye-bye.""Take care.""See you later."等。

中国人在告别时往往将客人送到家门口、楼下、马路上，客人一般会对主人说"请留步"，主人则会说"慢走""路上慢点""再来啊"等。但是，如果将这些话语直接译为英语，如"Walk slowly.""Go slowly.""Come again."等，则不符合英美人的习惯。

6. 道歉差异

不同的文化对"道歉"这一言语行为的规范有所不同。中西方在道歉方面有如下差异。

(1)使用频率。中国人对集体和谐非常注重。在交际中，中国人会尽可能地避免发生冲突，维护双方面子。由于冲突较少，中国人在交往过程中使用道歉的频率也较低。

西方人对个人意见与差异尤为重视。他们认为，适当程度的冲突是一种积极的行为，所以道歉频率相对较高。

(2)道歉策略。中西方对某些语境采取的道歉策略也存在差异。例如，在中国文化中，一些无法控制的行为，如打嗝、打喷嚏、咳嗽等，被视为正常行为，无须为此道歉。西方人则认为这些行为显得不礼貌，所以要说"Excuse me."

7. 赞扬差异

中西方在赞扬方面也不尽相同。英美人在赞扬别人时，通常希望别人以爽快的方式或道谢做出回应。因此，英美人在接受别人的赞扬时，常回答"Thank you！""Thank you for saying so."等。

下面的对话在英语中是很常见的。

A：It's a wonderful dish！

B：I'm glad you like it.

A：You can speak very good French.

B：Thank you.

中国人认为谦虚是一种美德，因此在面对别人的赞扬时，往往会说一些谦虚的话语。例如：

——您的英语讲得真好。

——哪里，哪里。/哦，不行，不行。

中国人这种谦虚的回答容易使英美人产生误解，认为对方是在怀疑自己的判断力。

二、大学英语文化教学的目标

2007 年，《大学英语课程教学要求》指出，"大学英语是以外语教学理论为指导，以英语语言知识与应用技能、跨文化交际和学习策略为主要内容，并集多种教学模式和教学手段为一体的教学体系"，提出大学英语的教学目标是"培养学生的英语综合应用能力，特别是听说能力，使他们在今后工作和社会交往中能用英语有效地进行交际，同时增强其自主学习能力，提高综合文化素养，以适应我国社会发展和国际交流的需要"。还提出："大学英语课程不仅是一门语言基础课程，也是拓宽知识、了解世界文化的素质教育课程，兼有工具性和人文性。因此，设计大学英语课程时应当充分考虑对学生的文化素质培养和国际文化知识的传授。"由此可以看出，大学英语教学除了涉及语言知识、语言技能的内容外，还应包括人文情感、人文素养和人文理想的培育。

根据李成洪的观点，大学英语文化教学的基本目标包括以下 3 个。

(1)培育学生对不同文化积极理解的态度。不同文化之间存在诸多差异，分析对方文化的不同之处，使学生对自身文化有更深入的理解，同时更客观地把握不同文化的特性。通过理性分析，了解异域文化中重要而细微的特点，接受与自身文化的差异。

(2)培养跨文化接触时的适应能力。在与不同文化第一次接触时，学生一般会遭受到文化冲击，形成一种不适感。所以，要使交际顺利进行，学生需要采取一定的措施来减缓冲击，提高自身的适应能力。

（3）培养跨文化交际的技能。学生应学习、掌握与不同文化背景的人打交道的技能，从而更好地适应跨文化交流的需要。

第四节　大学英语教学中强化文化性的原则与策略

一、大学英语教学中强化文化性的原则

大学英语教学中强化文化性一般遵循以学生为中心原则、以理解为目标原则、传授式与体验式相结合的原则、实用性原则、对比性原则、文化平等原则、适度原则。

（一）以学生为中心原则

大学英语教学中强化文化性要坚持以学生为中心原则。这就要求教师在教学实践中意识到学生的主体地位，有意识地引导学生对语言和文化进行感受与领悟，体验文化，同时注意对学生自主学习能力的培养，使学生完成知识与意义的内在建构。

在大学英语教学中，教学设计和活动安排均不可忽视各方面的因素对学生学习可能产生的影响，不仅要关注英语语言知识的学习，更要关注学生对本族语和本族文化的理解与体验、对目的语文化的态度、学生个人的综合素质等。

（二）以理解为目标原则

文化理解指的是"学习者以客观、正确的态度看待、理解母语文化和目的语文化，并以得体的行为方式与非本族语者进行跨文化交际"。只有正确地理解自身以及他国文化，才能更好地进行跨文化交际。

因此，大学英语教学中强化文化性应遵循以理解为目标原则。在教学过程中，教师可以采取分析或解释目的语文化等手段，帮助学生了解两种文化的差异以及差异的根源。此外，对教学进行评价时，教师需要考虑学生对目的语文化的共情能力，而非一味地关注学生对非本族文化的排斥或接受情况。

（三）传授式与体验式相结合的原则

在大学英语文化教学中，传授式教学和体验式教学是常用的两种教学模式。

传授式教学模式主要讲授知识技能，多采取讨论、讲座等方法，旨在提升学生的认知理解能力，使其掌握语言知识与文化知识。它也存在不足之处，即学生一般是被动地接受知识，很少有机会进行实践。

体验式教学模式是以学生为中心的一种教学模式，通过创设真实的跨文化交际情境，使学生感受、体验、认知和实践文化知识。这一模式能很好地弥补传授式教学模式的不足。

在具体的教学过程中，教师应注意根据教学情况，将这两种教学模式结合使用，确保教学中既有语言与文化知识的讲解，又有促进认知、培养实践能力的模拟活动、角色扮演等。

(四)实用性原则

大学英语教学中强化文化性要坚持实用性原则，也就是教师对于文化知识的讲解，应考虑学生所接触的语言内容、日常交际活动，确保与其具有关联性。例如，对于商贸专业的学生，应注重讲解商贸英语文化；对于法律专业的学生，应注重讲解法律英语文化；对于新闻专业的学生，应注重讲解新闻英语文化。

(五)对比性原则

大学英语教学中强化文化性需要遵循对比性原则。具体而言，教师要注意引导学生对两种不同文化(本国文化与目的语文化)进行对比分析，找出二者的异同。

对比性原则对于学生学习文化知识具有以下几方面意义。

(1)通过文化对比，学生能更好地理解与把握英语国家文化，如价值观、思维方式、生活习惯、人生观等，找出与本国文化的不同之处，提高文化理解能力。

(2)通过文化对比，学生可将本国文化带入目的语国家文化中，学会对两种文化进行分析与甄别，辨别其中的可接受与不可接受的部分。

(3)通过文化对比，学生对不同文化有更深层次的理解，在此基础上进行交际，能减少跨文化交际障碍。

(六)文化平等原则

不同国家、民族有着各异的历史传统、文化特色、生活环境、风俗习惯等，但是每一种文化都是平等的，没有好坏、优劣之分。因此，大学英语教学强化文化性应坚持文化平等原则。

跨文化交际是两种或多种文化之间的碰撞与融合，是本土文化与异国文化之间的交际活动，交际双方应尊重、理解对方文化，这是跨文化交际顺利进行的基础。

就中西两种文化而言，两者各有特色，学生在学习中应不盲从、不自卑。在大学英语教学中，教师应引导学生采取客观的态度来对待文化差异，避免偏见。

在大学英语教学中，教师应引导学生树立文化平等观念，在学习西方文化过程中，采取客观、中立的态度，同时注意让学生使用英语介绍我国灿烂的文化。

（七）适度原则

大学英语教学中强化文化性应坚持适度原则，主要体现在两个层面。

适度原则首先体现在，语言教学中要讲解文化知识，并不意味着忽视对语言知识的讲授，教师在教学中仍需以语言教学为主、文化教学辅助。

适度原则还涉及所运用的教学材料、采用的教学方法都应做到适度。适度的教学材料是指文化教学材料要能代表某一国家的主流文化，而不是其特殊文化或个体文化。适度的教学方法是指教师应努力创造更多机会，让学生进行自主学习与探究。

二、大学英语教学中强化文化性的策略

大学英语教学中强化文化性可以采取以下策略：教材大纲的理解与深化；教材品读、拓展与开发；提高教师自身文化素质；丰富课堂教学的文化内涵；组织课外文化活动。

（一）教学大纲的理解与深化

教学大纲是教学应遵循的根本大法，但是大纲中对文化教学的内容、目标、方法或要求并没有明确的描述。大纲对听、说、读、写等知识性学习与技能性训练的指导相当成熟，而且十分完备，但对文化学习尚未给予充分的重视。

语言教学不讲文化，则会变得单调枯燥，缺乏美感；讲文化，现实上又缺乏一定的指导。所以，教师只能对大纲进行理解与深化，领略大纲精神，依据大纲原则，结合学校情况以及学生专业特点，制订出与本校情况相符的文化教学原则，对教学内容、目标以及基本要求加以确定，从而使语言课更有趣、更有深度，提高学生人文素养。

（二）教材品读、拓展与开发

教师只有对教材有深入的理解，在课堂上才能做到张弛有度，激发学生的积极性。教师对教材的深刻品读，一个词、一处语言点、一种文化现象，均能结合个人的积累在课堂上做深入拓展。

教材不可能罗列出所涉及的所有语言知识和文化知识，所以教师应结合班级的实际情

况，有针对性地对学生感兴趣的主要问题予以拓展和补充。

有时，教师还可以开发一些与文化学习有关的补充材料，尽可能地满足学生的文化学习需求。

(三)提高教师自身文化素质

教师可以通过以下策略来提高自身文化素质。

1. 尊重文化差异，建立平等的文化观

各民族文化都有其独特的魅力，文化没有优劣之分。对于各文化间的差异，教师应予以承认、尊重、欣赏，同时注意将异域文化与本民族文化进行比较，进而取长补短，使本民族文化得以丰富，在与不同文化交流过程中促进本民族文化的发展。

2. 充分发挥外籍教师的作用

合格的外籍教师对本民族文化有全面、深刻的理解与把握，同时尊重教学规律与学生发展规律。外籍教师一般可以弥补中国教师在外语词汇运用以及外语文化理解等方面的不足。

外籍教师与中国教师可以就教学中的实际问题进行讨论，找出解决途径或方法。外籍教师可以向中国教师了解他们不熟悉的情况，中国教师也可以向外籍教师学习语言运用中的长处，相互合作，最终有效地完成教学任务。

3. 重视与文化相关的教研、科研活动

文化方面的科研、教研活动可以揭示教学规律，对教学实践具有重要的指导作用。反过来，教学实践能为教研、科研提供及时的反馈。积极开展教研和科研活动，从而形成以科研和教研促进教学实践、教学实践为科研和教研提供支持的良性循环。

(四)丰富课堂教学的文化内涵

丰富课堂教学的文化内涵，也能强化教学中的文化性。具体而言，教师可以采取以下策略。

1. 充分利用多媒体直观教学

多媒体直观教学将教学材料生动地呈现给学生，能够调动学生学习的积极性，给学生留下深刻的印象，更好地完成教学任务。

例如，在具体的教学过程中，教师可以通过电影短片来反映中西文化差异。多媒体方便控制，且能反复播放，学生可以对短片进行模仿或改编，通过学习与练习相结合的方式，更好地理解与把握文化差异。

需要指出的是，多媒体教学也存在一些不足之处，如果不注意克服，往往会使教学流于形式。这就要求教师在制作多媒体课件、设计教学环节时要把握好科学性与实用性，从而获得良好的教学效果。

2. 加强汉英语言、文化差异的宏观比较

语言是传递文化的媒介，通过对语言进行宏观比较，可以更好地理解文化差异，促进语言学习。根据语言实践，一个人对文化理解得越透彻，则对语言理解得越深入。

在大学英语教学课堂上，教师对汉英语言、文化差异进行宏观比较，有利于学生从整体上把握两种语言与文化的差异，从而正确地使用语言，促进跨文化交际顺利进行。

3. 发掘文学作品中有益的文化素材

文学作品中通常包含很多文化素材，能体现出较为深层的文化底蕴。

文学作品带有一定的民族色彩。中国与英美国家在地理、历史、风俗等方面存在显著差异，而文学作品中都蕴含着浓厚的民族文化意蕴。人们可以从其他文化中对自身文化进行反观，在接触其他文化的过程中，对自己民族和世界其他民族的差别与联系有更深入的理解，对文化有更好的认知。

这些文学作品中的精髓通常会对民族性格与精神产生深远的影响。学生经常阅读这些作品，有利于锻炼并提高思维能力、鉴赏能力，以及拓宽对不同社会文化行为与价值观的理解。

(五) 组织课外文化活动

课外文化活动丰富多彩，这里主要介绍以下几种活动形式。

1. 文化讲座

邀请文化学者和专家举办文化讲座，可以有效地帮助学生提高文化修养。文化讲座通常主题明确，论证有力，兼备高度、深度与广度。通过文化讲座，学生能快速地了解英美国家的文化背景知识。

此外，文化讲座中经常会安排讲座者与听众互动，学生可以就自己思考的问题与讲座者进行讨论与交流，这有利于锻炼学生的思维，提高学生对文化的认识。

2. 关注大众传媒

文化传承是大众传媒的主要功能之一。在日常生活中，常见的大众传媒有广播、电视、报纸、图书、网络，它们具有较强的实效性。通过大众传媒，一般可以了解最新的资讯，把握世界文化的脉动。教师可以就某一文化热点问题给学生布置作业，要求学生对此展开讨论，使学生通过对这些问题的关注而逐渐了解相关文化内涵，更好地认识世界。

3. 英语文艺汇演活动

英语文艺汇演活动可采取多种形式，对提升学生的英语学习热情、巩固英语运用能力等都具有不可替代的作用，具体体现在以下几个方面。

（1）在英语文艺汇演前，每名参与者都要做相关准备工作，这在无形中会提高学生的语言能力。

（2）英语文艺汇演的节目水平通常与学生的英语学习水平相当或者更高一些，这对于表演者、观看者都能起到巩固学习成果、深化对语言知识的理解的作用。

（3）英语文艺汇演气氛轻松，趣味性强，可使学生真实感受英语的作用，所以很容易使他们对英语学习产生浓厚的兴趣和持续的学习热情。

（4）参与表演的过程是一个极好的展示机会，学生既可以使听、说技能得到很好的锻炼，还可以体验到前所未有的自信。

4. 英语专题性活动

开展英语专题性实践活动，不仅有利于学生协调发展阅读、写作和口语交际能力，还有利于提高学生在实践中综合运用语言文字的能力，因而是英语课外教学活动的一种有效方式。

英语教师组织专题性活动时，应从以下 3 个方面进行综合考虑。

（1）学生的英语水平和生活经验。

（2）学校和学生的实际情况。

（3）依据活动主题的不同特点，灵活选择完成方式，如独自完成或小组合作完成。

例如，环保问题日益引起广泛关注，教师可从以下几个方面对学生进行引导。

（1）了解近年来发生的环境变化。

（2）调查周围的生活环境。

（3）提出保护环境的措施。

（4）按照要求完成调查报告。

5. 英文歌曲演唱

在课外活动中，英文歌曲演唱也是一种常见的活动。教师应鼓励学生参加英文歌唱小组，这样既能使学生的心理需求得到满足，也有利于促进学生听力水平的提高。此外，教师可将英文歌唱小组与英文歌唱比赛相结合，并计算出成绩，依次排序，既使学生产生成就感，同时提升学生的集体荣誉感，培养学生的团队合作精神。

教师选择英文歌曲时需注意以下 3 个方面。

（1）内容的趣味性。为了激发学生的兴趣，使学生主动参与活动，教师应尽可能选择内容有趣的英文歌曲，让学生体会到听歌与学歌的乐趣。

（2）语言的真实性与可操作性。教师既要确保所提供的英文歌曲语言的真实性，使学生在真实的语境下学习纯正的英语，又要确保歌曲语言具有可操作性，不用或少用含有方言或俚语等特殊语言现象的歌曲。

（3）难度的层次性。不同学生的口语水平与听力水平各不相同，教师可以据此分配小组成员，并为不同的小组选择不同难度的英文歌曲。

第五章　跨文化交际语境下的大学英语听力与口语教学探究

听力与口语都是英语的重要技能，听力属于输入技能，口语属于输出技能。在跨文化交际语境下，大学英语听力与口语教学的主要目的不仅是提高学生的听力与口语水平，更是培养学生的跨文化交际意识，提高学生的跨文化交际能力。本章就对跨文化交际语境下的大学英语听力与口语教学进行具体探究。

第一节　大学英语听力教学探究

一、大学英语听力教学存在的问题

(一) 应试教育倾向明显

我国传统英语教学应试教育的思想一直影响着教师的教和学生的学。这种影响在听力教学中体现得尤为明显。具体来说，很多学生学习听力的目的就是顺利通过期末听力测试。只有很少一部分学生进行听力训练是为了获取更多信息，学习更多语言知识。而这种应试思维对学生产生的直接影响就是其对英语听力丧失了天然的兴趣，学习听力只是为了应付考试，而没有真正意识到学习听力对读、写等技能的重要性。长此以往，学生的语言综合运用能力得不到训练，教学效果也得不到有效的提升。

(二)教师引导不当

上面提到的应试倾向对学生听力学习产生不良影响,不仅如此,应试教学倾向对教师的听力教学也有负面影响。具体来说,教师大多将教学重点和精力放在帮助学生通过考试上,因此总是以考试的方式训练学生的听力能力。这导致教师对听力内容缺乏讲解和传授,尤其是对于其中涉及的一些文化背景知识略过不提,使学生在听力过程中障碍重重,这样不仅达不到听力教学的效果,反而使学生丧失了对听力教学的信心。此外,有的教师走向了另一个极端,即在让学生听录音前给予过多的引导,导致学生无须认真听就能选出正确答案。因此,对教师来说,很重要的一点就是对学生进行适度的听前引导,帮助学生切实提高听力水平。

(三)学生欠缺文化背景知识

我国很多学生不仅对听力学习兴趣不足,也缺乏一定的文化背景知识,导致在听力练习过程中频频出错。众所周知,从某种程度上来说,学习英语就是学习英语文化,如果对英语国家的文化不甚了解或只知一二,那么就会给听力活动带来很大影响。因此,对教师来说,在对学生进行听力训练的过程中,要及时向学生传授或讲解相关文化背景知识,同时提醒学生注意听力材料中的文化因素,扫除听力中的文化障碍。

二、文化因素对大学英语听力教学的影响

(一)词汇差异对大学英语听力教学的影响

英语词汇是听力理解的基础,很多词汇都有着丰富的文化内涵。因此,听力练习过程中必然涉及对词汇及其含义的解码。但是,听力播放过程很短暂,学生听的机会转瞬即逝。因此学生需要在极短的时间内快速解码。此时,如果学生不了解词汇的内涵,而且受母语思维影响,就很容易造成文化的负迁移。例如,drugstore 和 grocery 的字面意思是"药店"和"杂货店",但实际上,它们与汉语中的"药店"和"杂货店"不完全相同。因此,学生需要了解词汇及其背后的文化背景,才能顺利解码。

(二)语篇差异对大学英语听力教学的影响

语篇差异对学生听力的影响也是显而易见的。学生在听力中经常会遇到这种情况:一段话中每个单词都听明白了,但是仍不清楚语篇所表达的意思。其实,这是因为学生不了解语篇文化的内涵。

鉴于词汇和语篇差异对听力教学的重要影响，教师在听力教学中应向学生多介绍中西词汇和语篇的差异，并提醒学生多加注意。

三、跨文化交际语境下大学英语听力教学的原则

(一)渐进性原则

在课堂上，学生要多和同学以及教师进行口语交流，这是提高自身听力能力的重要途径。但是，在我国的英语教学中，英语教师大多使用汉语授课，即使在大学阶段，也很少有教师进行全英授课，学生进行听力训练的机会明显不足。所以，教师在听力课堂中应依据由慢到快、由易到难、由简到繁的原则坚持用英语组织课堂教学、讲解课文。

(二)情境性原则

学生在学习语言的过程中通常需要与周围环境进行有效的互动，这样学习才会更有效果。而且，学生只有在自然、舒适的环境下，才能同环境产生相应的互动，并获得真实的语言体验。因此，听力教学需要遵循情境性原则。需要注意的是，良好的课堂氛围不仅需要教师的努力，更需要教师和学生双方共同营建。良好的氛围是在教学情况发挥作用的前提下，师生双方的需要得到充分满足后而产生的一种心境和精神体验。只有在舒适、自然的课堂氛围中，才能更好地创建一种与学生所学母语接近的自然的语言习得环境。

(三)综合原则

教师应该让学生每次进行听力练习之前明确听力教学的目标，这样学生会在心理上有所准备，而且学生还可以根据不同的听力目标选择不同的听力技巧。单一的听力训练很容易造成课堂气氛的沉闷，使学生失去听的兴趣。因此，要想提高学生的英语听力水平，教师必须重视听力与其他三项技能之间的关系，把输入技能训练与输出技能训练有机地结合起来，以提高学生的综合英语水平。

具体来说，教师在听力教学中可以采取以听为主、听说结合、听读结合、听写结合和视听结合的方式对学生进行综合的听力训练，这样不仅可以丰富听力活动，还能活跃课堂气氛。

(四)适应性原则

英语教学带有目的性，其最终目的是提高学习者的英语使用能力。听力教学也需要以英语教学的终极目标为根据，在教学中坚持适应性原则。具体来说，教师应该根据学生的不同特点选择难易程度相当的听力材料，使所选择的听力材料与学生的实际情况相适应。

听力材料既不能过于简单，也不能超出学生的实际听力水平太多。如果材料过于简单，学生会在心理上轻视听力活动，也不利于学生听力水平的提高。如果听力材料过难，则会给学生带来很大的听力学习负担，从而产生挫败感和不自信感，长此以往会影响学生听力学习的兴趣。此外，根据适应性原则的要求，教师还应注意以下几个方面的问题。

1. 听力材料中的人物关系

听力材料中涉及的人物关系的复杂程度会在一定程度上影响学生对材料的理解。只有了解材料中人物之间的关系才能提高其听力过程中的针对性。材料中人物关系复杂会使学生在听的过程中分散注意力，不利于其对主要信息的理解。

2. 材料的内容

听力材料的内容选择要与学生的实际生活与知识水平相适应，超出学生的生活与知识水平范围的材料会给学生造成压力。材料必须符合学生所生活的文化背景，文化背景知识的缺乏是妨碍学生理解英语听力材料的重要因素。

3. 语篇信息因素

所谓语篇信息，主要反映在两个方面。一方面是语篇的结构，如果语篇的结构是学生所熟悉或常见的形式，可以采用学生熟悉的语言叙述顺序。反之，如果其结构形式比较特殊，学生在心理上没有形成相应的习惯，这种情况会使学生心情紧张或浮躁。另一方面是语篇的内容，语篇的内容如果是学生所熟悉的，那么学生拥有自信，表现就会比较好，反之，如果学生对语篇内容不是特别熟悉，则容易因为胆怯而表现欠佳。语篇内容中的重要信息量也会对学生的听力效果产生不良影响，听力材料的信息量越大，从中提取重要信息的难度系数就越大。

4. 语言方面的因素

这一因素具体包括时间变量、语音、词汇和句法。葛里费兹（Griffths）将时间变量总结为——语速、停顿和迟疑。他认为这三个方面都会影响英语听力的效果。语速过快或者过慢以及语言的停顿和迟疑都会对学生的理解造成影响。例如，语速过快会导致听者来不及反应，语速过慢会给听者带来不必要的心理负担，且句子的停顿和迟疑等有时会给人不真实感，容易使学生产生厌倦心理。

四、跨文化交际语境下大学英语听力教学的方法

(一) 任务型教学法

任务型听力教学法十分强调听力学习任务的真实性，通过完成真实的听力任务来提高

听力理解能力，不仅能有效培养学生的合作意识和探究精神，而且能不断提高学生对听力学习策略的应用能力。听力任务一般包括以下几种类型：列举型、排序型、分类型、比较型、问题解决型、分享个人经验型、创造型。具体来说，任务型听力教学法有以下几个实施步骤。

1. 听前阶段

这一阶段也可以理解为准备阶段，即教师通过各种方法帮助学生激活背景知识，同时确立听力目标，并引导学生对相应的语言形式、功能进行训练，帮助学生建立新图式或激活学生头脑中已有的图式，更好地理解听力材料。

2. 听中阶段

这一阶段是听力的关键阶段，对教师来说，这一阶段是最不可控的阶段。教师要充分利用这一阶段的特点，在学生听力练习过程中训练其各种与听力相关的能力，不断提高其对信息的理解和运用能力。

3. 听后阶段

这一阶段的主要任务是巩固所学知识，其练习活动是测试学生对听力材料的理解，而不是考查学生的记忆。在这个阶段，学生采用听后说、听后写、听后填表、听后进行创造性的语言输出等方法，通过完成多项选择题、回答问题、做笔记并填充所缺失的信息、听写等方式评估听力效果，达到巩固听力信心和技能的目的，同时为日后的英语学习奠定基础。

（二）微技能教学法

听力能力的培养需要借助一定的微技能，它们是听力有效进行的基础和保障。在具体听力教学中，教师有必要向学生介绍一些常见的听力技能。

1. 猜测词义

猜测词义是听力微技能教学的重要方式。在听力实践过程中，听者很难完全听懂材料中的每一个词，此时就可以通过上下文等进行词义猜测，从而更加顺畅地理解材料内容。

在听力实践过程中，切勿一有生词就打断思路，应该从整体听力活动入手，综合使用词义猜测技巧，保证听力活动的顺利进行。

2. 抓听要点

听力中抓住要点十分重要。交际是交际者在交际目的作用下进行的言语活动，教师在听力教学中应该教授学生抓话语要点的方法：会话中注意信息的侧重，听主要内容、主要问题、主题句和关键词。学会略听无关紧要的内容。

3. 边听边记录

边听边记笔记十分重要，因为学生不可能完全听懂和记住所有的听力内容，而记笔记可有效弥补这一不足。尤其是在听力考试中，遇到十分冗长的材料和过多的干扰选项时，就需要听者结合听力特点，学会笔记的记录方法。因此，教师要引导学生养成边听边记录的习惯。

(三) 网络多媒体教学法

随着现代化科技的飞速发展，网络多媒体开始广泛应用于大学英语教学中。在大学英语听力教学中，教师可充分利用网络多媒体技术来培养学生的听力能力。

例如，教师可以充分利用网络多媒体技术培养学生的自主决策能力。一方面，要帮助学生掌握信息获取的各种知识；另一方面，要帮助学生掌握对信息的收集、处理、利用等能力。网络上的信息浩如烟海，但是真正对学生学习有帮助的信息则需要他们通过一定的技术手段自己搜索并筛选出来。此外，对筛选到的信息要进一步整理和分析，如此才能充分利用其价值。

第二节　大学英语口语教学探究

一、大学英语口语教学存在的问题

(一) 对口语能力重视不够

随着教学改革的不断推进，大多数教师和学生已经意识到英语学习中口语的重要性。尽管如此，从现实情况来看，对口语及其教学仍然存在重视不足的情况。究其原因，在于很多教师和学生仍然没有认真审视口语在整个英语教学中的作用，认为口语可有可无，学生只要会读、能写即可。这些观念或多或少都会对教师的教学和学生的学习产生不良影响，不利于口语教学效果的提升。

(二) 教学时间有限

口语教学如今面临的一个很大的问题就是教学时间得不到保障。口语训练需要长期坚持进行，口语能力的提高也是一个循序渐进的过程，由于部分师生对口语的重要性认识不足，导致口语教学并未被真正独立出来，仅被纳入整体英语教学中，加之英语整体教学时间有限，留给口语教学的时间更是少之又少，口语教学效果也就可想而知。

(三) 学生压力大、不愿开口

一般来说，学生的口语表达不仅受语言因素的影响，还受一些非语言因素的影响，如心理因素、文化因素、生理因素、情感因素、角色关系因素等的影响，致使很多学生在口语练习中不愿意开口。有学者总结了学生不愿开口表达的 5 个原因，具体如下所述。

(1)学生怕因说错遭到其他同学耻笑而不愿说。

(2)学生认为自己的语言水平低，因此不愿意说。

(3)教师提出的问题难度过大，学生本身就不理解。

(4)话轮分配不均匀。

(5)教师提问时对沉默难以容忍，学生不愿意回答的结果无非两种，一是教师自问自答，二是由成绩好的学生开头说。

二、文化因素对大学英语口语教学的影响

(一) 词汇文化因素对大学英语口语教学的影响

要想表达清楚自己的思想，学生首先需要掌握大量的词汇。同时，由于不同语言的文化背景不同，词汇的文化内涵有时会表现出很大的差异。因此，在英语口语教学中，教师应有意识地向学生介绍词汇文化之间的差异，丰富学生的词汇文化知识，为学生的口语表达奠定基础。

以 wink 一词为例，英语里关于 wink 的习语有很多，教师可以将这些习语有意识地导入口语教学中。例如，现代社会很多人都有失眠的经历，"I didn't sleep a wink last night."(我昨晚一夜都没合眼。)这里的 wink 是"眨眼"的意思，但是在 forty winks 中，其含义并不是"眨四十下眼睛"，而是"小睡"的意思。教师可以通过此类习语引导学生将其巧妙运用于自己的口语交流中。

(二) 思维模式因素对大学英语口语教学的影响

英汉两种语言的思维模式存在诸多差异，这自然会对英语口语教学产生重要影响。例如，由于受母语迁移的负面影响，很多学生习惯说"中式英语"，因此表达的句式不符合英语语法，这会给学生的交流带来很大障碍，导致对方不明白说话者的真正意图。

此外，思维模式的差异对学生表达的流利性也会产生影响。很多学生习惯用汉语思维，在用英语表达时，经常会遇到一时找不到英语对应词的情况，从而在表达中出现停顿、犹豫等现象，这不利于学生与外国人的顺利交流。

(三)社交文化因素对大学英语口语教学的影响

中西方社交文化存在诸多差异，这些差异直接影响着口语交际者在交际过程中的应答或反应。因此，学生有必要多了解中西方社交文化方面的差异。

1. 寒暄

中国人初次见面时常常会问及对方的年龄、工作、家庭情况等，如"你今年多大了?""你是做什么工作的?""你结婚了吗?"等问题，有时也会表现出对对方的关心，如"你好像瘦了，要注意身体啊。""你脸色不太好，是不是不舒服?"等。在平日的寒暄中，中国人通常会说"去哪啊?""吃饭了吗?"等，表示亲切友好。但是，对于西方人来说，如果他听到"吃饭了吗?"会以为对方想请他吃饭，容易产生误会。

西方人见面寒暄时往往不会谈论个人的年龄、收入、家庭情况、住址等隐私问题。他们通常讨论的话题是天气，这是因为英国的天气变化无常，有时一天中甚至会出现犹如四季的变化，这导致人们对天气产生了一种特殊的感觉。总之，学生在跨文化交际过程中应多了解这些不同的文化背景，避免询问涉及个人隐私的问题而引起别人的反感。

2. 关心

在跨文化交际中，中国人有时会出于善意去关心对方，这在中国人看来是很自然也很令人感动的事情。然而，由于中西文化的差异，这样的举动反而会惹得西方人不高兴，从而造成不必要的误解。请看下面两个对话及其区别。

对话(1)

A(中国人)：Put on a sweater, otherwise you'll get a cold.

B(中国人)：OK, Mom.

对话(2)

A(中国朋友)：Hi, it's so cold today, why do you only have a T-shirt? Aren't you cold?

B(美国外教)：I'm fine. ❶

在上述对话(1)中，中国学生自然而然地接受了妈妈的关心，并及时给予回应。在对

---

❶ 牛宝艳. 英语口语教学中折射出的中西文化差异及启示[J]. 中国教育技术装备,2009(8):109.

话（2）中，中国学生提醒朋友多穿衣服，这也是根据中国传统文化的习俗，表达自己对朋友的关心。但是，这样的关心显然是让美国人难以接受的，因为在西方，人们崇尚个性独立，穿衣打扮作为一件非常私人的事情，穿多少、穿什么都是个人自己的意愿和选择，如果被提醒多穿一点，就意味着自己不能自立，这会让西方人很尴尬。可见，由于中西文化的不同，本来出于善意的关心反而被误解为"不能自立"，这显然背离了交际的初衷。

3. 客套

在表达客套方面，中国人一般很注重形式，讲究礼仪，重视表象；而西方人多是直线型思维，讲求效率和价值，没有过多的繁文缛节。

这里以打电话为例进行说明。中国人在打电话时通常用下面的话作为开头：

"请问您是谁？"

"喂，您好。麻烦您请××接电话。"

而西方人在打电话时通常用下面的方式开头：

"Is that ×× speaking?"

"Could I speak to ×× please?"

此外，西方人在接电话时通常先说明自己的身份或号码。例如：

"Hello，375692405."

"Hello，this is Tom. Could I speak to John，please?"

4. 答谢

别人对我们表达感谢时，出于礼貌，我们通常需要答谢，以维持良好的人际关系。在答谢方面，中西方也表现出了明显的文化差异。具体来说，中国人在答谢时往往会说："不用客气""别这么说""过奖了""这是我应该做的"等，以表示谦虚的含义。但如果与西方人交往时回答"It's my duty."就违背了初衷，因为"It's my duty."的意思是"这是我的职责所在"，是不得不做的。

此外，中国社会推崇"施恩不求报"的美德，因此人们在答谢时往往推脱不受，对受惠者给予的物质回馈或金钱奖励也常常当场拒绝，实在无法拒绝而收下时也会说"恭敬不如从命"。

西方人对待别人感谢之词的态度与中国人有很大不同，他们通常会说"Not at all.""It's my pleasure.""Don't mention it."或"You're welcome."在收到物质回馈或金钱奖励时往往高兴地接受，他们认为这是对自己善举的肯定和尊重。

5. 迎客

中国自古以来就是礼仪之邦，因此非常重视礼仪。当有尊贵的客人来访时，主人通常会出门远迎，见面时会采用握手礼或拱手礼。在一些较为庄重的场合甚至行鞠躬礼。问候语也有很多。例如：

"欢迎！欢迎！"

"别来无恙？"

"您的到来令敝舍蓬荜生辉。"

"与您见面真是三生有幸！"

西方人除了在外交场合会出门远迎客人外，在一般场合都没有这种习惯。此外，西方人多采用握手礼，在一些庄重的场合还要行拥抱礼或吻颊礼。问候语通常是"How are you?"或"Glad to see you again."。

6. 道别

与迎客时相同，在道别时，中国人常常会远送。客人和主人互相说些叮嘱的话。最后，客人通常会说"请留步"，主人说"走好""慢走""再来"等。"送君千里，终须一别"就表达了主人与客人间依依惜别的情形。

而西方人在道别时并不会如此注重形式，双方示意一笑或做个再见的手势或说"Bye！""See you later.""Take care！"即可。

7. 宴请

宴请是一种常见的社会现象，但由于文化不同，不同地区会产生不同的宴请方式。

具体来说，中国人历来重视礼仪和形式，讲求礼尚往来，在受到别人的帮助后，出于感谢会请客吃饭。宴席举办前会发请帖以示尊重和敬意。宴席之日，东道主会在门口亲自迎宾。宴席开始后，席间的客套话也是此起彼伏，如"略备薄酒，不成敬意""感情深，一口闷"等，主人向客人们敬酒，客人们回敬。此外，中国人十分好面子，重名声，因此宴席往往会尽力操办，追求气派。近年来，整个社会倡导厉行节约，反对铺张浪费，引导人们珍惜粮食，得到了从中央到民众的支持，并掀起了一场"光盘行动"。这有利于节约资源、保护环境，有利于弘扬中华民族节约的传统美德，推动社会进步的正能量。

西方人在宴请前通常会向客人发出电话或口头邀请，将具体时间、地点和活动内容等说明清楚，并请求对方给予答复。西方人认为没有说明时间、地点和活动内容的邀请就不是真正意义上的邀请，而且他们非常重视对方的回复。受邀者通常也会明确拒绝或爽快答应，并表示谢意。

此外，西方人在安排饮宴时不像中国人那样注重排场，而是更看重饮宴现场的情调。他们会进行精心的布置，选择静谧温馨的、新颖奇特的或是热烈火爆的场所。饮宴的形式多以自助餐、酒会、茶话会等为主，客人们十分随意，没有过多的客套话，主人也仅会说一句"Help yourself to some vegetables, please."，此后客人便可以自由吃喝。在饮宴结束离开时，也只是轻握一下手或点头示意即可。

三、跨文化交际语境下大学英语口语教学的原则

(一) 先听后说原则

听与说是一个问题的两个方面，二者之间是相辅相成的关系。在具体的口语交际过程中，只有首先听懂对方的话语，才能据此做出回应，使交际顺利进行下去。因此，口语教学要坚持先听后说的原则。

具体来说，在口语教学过程中，学生通常先通过听来进行词汇量与语言信息的积累。在这种积累达到一定程度之后，学生的表达欲望逐渐被调动起来，他们就会尝试着进行口语表达，进而实现真正意义上的口语交际。

(二) 内外兼顾原则

根据内外兼顾原则，口语教学应在注重课堂教学活动的同时，对课外活动给予充分重视。这是因为，口语教学应以课堂教学为主，但课外活动是课堂教学的延伸与补充，二者之间是相互配合、相互促进的关系。以课堂教学为基础来组织相应的课外活动既可带领学生对课堂知识进行及时的复习与巩固，还可使他们充分利用课外活动的机会对知识予以运用，加快从知识到技能的转化过程。同时，课外活动没有课堂环境中的正式气氛，学生能以一种轻松、愉悦的心情参加口语练习，教师也能及时地对学生进行指导，有助于学生在不同场合流利、正确、恰当地进行口语表达。

在完成课后作业的过程中，教师可对学生分组，使他们以组为单位来完成任务，相互之间可围绕任务进行讨论，既能不断提高学生的口语能力，还能培养他们的沟通能力、理解能力和团队合作能力。

(三) 互动原则

口语练习本身是一件很枯燥的事情，长期的枯燥练习很容易削弱学生对英语学习的兴趣和积极性。因此，口语教学应坚持互动性原则，使口语训练充满互动性，这样学生才能

在互动练习中不断保持兴趣，逐渐提高口语表达技能。

"动"是互动性原则的核心。如果教师采取传统的口语教学模式，在课堂上仍以提问、回答为主要方法，学生对口语表达的参与就是被动的，这会影响学生口语能力的提升。因此，教师为学生设计的话题应能使学生之间进行有效的互动练习。

(四)循序渐进原则

口语能力的提升不是一蹴而就的，因此，口语教学应遵循层层深入、由易到难的循序渐进原则。例如，我国的大学生通常来自全国各地，很多学生的英语口语表达或多或少受到方言的影响。对此，教师首先应仔细分析学生的语音特点与发音困难，进而为纠正学生发音提出建议与指导，使学生按照由易到难的顺序，从语音、语调、句子、语段等层面逐渐提高。

此外，教师在设计教学目标时要遵循科学合理的原则，注意难度适宜。过高的目标会给学生带来沉重的心理压力，过低的目标难以调动学生的积极性与兴趣，因此教学目标既不能过高，也不能过低。

(五)科学纠错原则

口语学习中免不了出错，因此，教师对学生在口语活动中出现的错误一定要采取科学的态度。一般来说，如果学生正在进行口语对话训练，教师对一些无关紧要的语法问题可以酌情忽略，不要发现错误就立即打断并纠正，这样很容易打击学生说的积极性。教师应当在学生对话训练结束之后，统一指出训练过程中的错误，并提醒学生日后注意。当然，对于一些重大的错误，教师要在对话训练结束后立即指出并告知学生，以免再犯。

(六)鼓励性原则

学生在英语学习尤其是口语练习中很容易出现焦虑情绪，此时教师应当多鼓励表扬学生，树立其口语表达的自信心。

著名学者纽南(Nunan)认为，鼓励学生并使他们大胆说英语是口语教学中一项很重要的原则，因此，教师应为学生创设更多有意义的语境。在这样的语境下，学生不会担心受到嘲笑，这样才能更好地进行口语练习。针对一些口语基础较差的学生，教师可采取"脚架式"教学方法，使教学策略与学生的状况相一致。

(七)生活化原则

教师在为学生设计口语课堂上的任务时，应遵循生活化原则，使其尽量与学生的日常生活、学习相贴近，以此更好地调动学生的积极性，使他们对话题不陌生、有兴趣，进而乐于开口、勇于开口。具体来说，教师可从以下3个方面入手。

（1）努力提高话题、主题的趣味性。

（2）对学生的愿望与实际需求进行深度挖掘。

（3）将教学内容与学生感兴趣的话题有机结合在一起。

四、跨文化交际语境下大学英语口语教学的方法

（一）创境教学法

英语学习的最终目的就是交流，交流不是在真空中进行的，而是发生在一定的情境中，因此，英语学习需要一定的情境才能取得更好的效果。口语学习更是如此。例如，一个刚出生的婴儿如果在一个英语环境中，其学会的自然就是英语。再如，一个学生即使之前的口语能力很薄弱，其出国一段时间后，口语水平自然会有很大的提升。这提示教师一定要注意口语教学中情境的重要性，要尽量把真实的语言情境引入口语教学，让学生在真实的环境下学习口语，这样学生的表达才会更加纯正。一般来说，角色表演和配音活动是两种有效的情境创设方式。

1. 角色表演

角色表演是深受学生喜爱的口语练习方式，因为学生往往都活泼好动，也有表演的天赋，而角色表演正好符合学生的这种特点，角色表演还能让学生告别枯燥单一的课堂授课，很容易调动学生表达的积极性。所以，教师在口语教学中要多组织角色表演活动，把主动权交给学生，让学生自行分工、自行排练，然后进行表演。表演结束后，教师先不要着急评价，最好先让学生从表演技巧、语言运用等方面发表一些建议，再进行总结和点评。

2. 配音

配音也是一种很好的锻炼学生口语表达能力的活动。在配音练习中，首先，教师可以选取一部电影的片段，让学生听一遍原声对白，在听的过程中教师可以适时讲解其中一些比较难的语言点；其次，让学生再听两遍原声并要求他们尽量记住台词；最后，教师将电影调成无声，安排学生进行模仿配音。

教师在选择需要配音的电影时，要遵循以下几个原则。

（1）语言发音要清晰，语速要适当，容易被学生学习和模仿。有些电影虽然很优秀，但是角色语速过快，对英语水平要求较高，学生在配音时很难跟上，这就很容易打击他们

的积极性。因此，教师在选择影片时要充分考虑学生的英语水平，尽量选择情节简单、发音清晰的影片供学生配音。

(2)电影的语言信息含量要丰富。有些电影尤其是动作片，虽然很好看，学生也很喜欢，但是这类电影往往语言信息较少，甚至充满暴力，不适合进行配音工作。

(3)电影应当配有英语字幕，有中英双字幕更好。如果没有字幕，教师可以要求学生提前将台词背诵下来，如果学生对电影情节比较熟悉，也可以不背诵。

(4)影片内容要尽量贴近生活。这种影片和人们的真实生活贴近，语言也贴近生活，因此配音相对容易些，更重要的是能让学生学以致用，让他们真正体会到学习英语的实用意义。

从实践来看，如《花木兰》(Mu Lan)、《功夫熊猫》(Kung Fu Panda)等电影既有中国文化元素，情节又轻松幽默，语言也简单清晰，是很不错的配音电影的选择。

(二)文化植入法

1. 文化植入的概念

"植入"最初是医学用词，后来被广泛地应用于非医学方面，其中用得最多的概念是"植入式广告"。现在，人们在很多影视剧和综艺节目中都能看到植入式广告。简单来说，植入式广告就是为了达到营销目的，将产品及其服务的视听品牌符号融入影视或舞台产品中，从而给观众留下深刻的印象。

在英语口语教学中，文化植入与广告植入的理念类似。具体来说，人们如果直接看广告，即使广告再精彩，看多了也会产生厌烦的心理。文化学习也是如此，如果只是生硬地开设文化课，学生会因为文化内容的博大精深而退却，从而失去学习的兴趣和动力。教师如果在英语教学中植入文化，那么就会对学生产生潜移默化的作用，从而加深他们对文化的印象，同时产生文化学习的兴趣，最终提高口语学习的效果。

2. 文化植入的原则

教师选择文化植入的内容时，要遵循以下原则。

(1)在精不在多原则。在口语教学中，教师在进行文化植入时，要找到一个恰当的"切入点"。因为文化知识背景复杂、内容繁多，通过"切入点"的"植入"，可以激发学生对于相关文化内容的兴趣和关注，也有助于学生对口语进行学习和操练。一旦打开文化世界的大门，学生会主动学习。

(2)适当原则。教师不是无原则地随意植入文化内容，要植入的内容应当符合学生的兴趣爱好，且能深入浅出，切实帮助学生提高口语水平。教师首先要充分了解学生的兴趣所在，并找到学生感兴趣的文化内容。其次，要在深入了解植入内容的基础上，尽量通过直观、简易的方式呈现出来。总之，所植入的文化内容难度要适宜，既不能太肤浅，也不能太深入，否则不仅不利于学生进行口语学习，反而会成为学生学习过程中的阻碍，严重的甚至会削弱学生的学习兴趣。

（3）服务于口语教学原则。文化植入的一切内容都要围绕口语教学进行，并与主题紧密相关。这是因为文化植入的最终目的是帮助学生更好地应用口语，掌握口语课的教学内容，所以文化植入的内容一定要凸显其服务功能。

3. 文化植入的方式

文化植入并不是生硬地插入，否则和一般的文化课程毫无差别，因此教师教学中要采用合适的植入方式，将内容自然地融入教学中，使其服务于口语教学。这里要注意不能喧宾夺主，而是要起到潜移默化的效果。具体来说，文化植入的方式主要有以下 2 种。

（1）直接呈现。直接呈现是指教师选择一个与教学内容密切相关的文化主题，然后在课堂上将其直接呈现给学生，引导学生理解这个文化主题。教师在呈现时，可以通过一定的手段将其导入教学内容，如借助多媒体教学设备进行呈现。

例如，在学习有关建筑物的表达方式的口语课堂上，有很多有关建筑的描述和表达方式需要进行呈现和练习。此时，教师可以利用多媒体设备，将不同建筑的时代背景、风格特点等展示给学生，同时融入教学目标希望学生掌握的一些表达方式。这些内容能引导学生了解学习内容，并使用所学内容进行操练。通过呈现，学生在其表达练习中会更有针对性，也更容易加深印象、掌握知识。

（2）间接呈现。间接呈现是指教师根据教学要求和学生实际情况，灵活设计一些小活动，如游戏、竞赛等，并将文化内容有效植入这些活动中。

例如，在有关商务用餐的口语表达学习中，教师要植入"酒文化"。在学生经过前期学习，对酒文化有一定了解的基础上，教师组织"抢答竞赛"的口语小活动。具体来说，教师设计一些实用又有趣的英文口语选择题，供学生抢答，每题结束后再结合图片、视频等直接呈现方式向学生介绍该题所包含的文化内涵。这样，学生在互动中既锻炼了自身的口语能力，又拓宽了知识面。

（三）文化渗透法

文化渗透和文化植入有一定的共同之处，都是在教学中导入文化因素。由于每种语言都处于不同的文化背景中，需要结合文化来理解语言具体含义。教师在口语教学中可以进行总结归纳，通过在教学中渗透英语文化来快速提高大学生的英语口语表达能力。具体来说，教师可以采取以下几种方式进行。

1. 文化对比法

在口语教学中，教师可以通过对比英语文化与母语文化，帮助学生了解不同文化的差异，培养跨文化意识。教师首先向学生传授有关中西文化的各种差异，然后指出学生在交流中容易犯的错误，并表明这些错误正是由于忽视中西文化差异造成的。在反复对比和接受中，学生就能掌握英语和汉语及中西文化间的差异，并在以后的交流中多加注意。此外，学生通过了解不同文化的差异，还能更加尊重不同文化的风俗与习惯，并形成正确处理本族与外族语言与文化关系的能力。总之，文化对比法是一种行之有效的口语教学方法。

2. 交流学习法

大学生经过几年的英语学习，一般都具备了一定的英语水平，有的还有一些跨文化交际的经历。因此，教师可以充分利用大学生的这些特点，开展课堂交流，通过交流促进学习。

3. 教师引导法

教师在口语教学以及与学生的交流中，应当时刻进行有效的引导。特别是在学生产生交际障碍时，教师及时进行启发性引导，既充分尊重了学生的主体性地位，又对学生进行了文化知识的熏陶，激发了其学习和运用语言的思维能力。

(四)探究教学法

探究教学法的核心就是"探究"。简单来说，它是指英语教师利用现代教育手段与媒介，综合多种教学资源，以学生为中心，以教师为主导，通过学生的自主学习、自我探索和自我研究完成语言知识和口语技能习得的教学方法。❶

1. 探究教学法的特点

探究教学法与传统的教学模式相比，具有以下优势。

(1)开放性。开放性是大学英语口语教学中探究教学法的显著特点之一，主要体现在教学内容、教学组织形式和教学管理三个方面。

首先，在教学内容上，探究教学的内容以教材为基础，但并不受教材的制约与束缚，

---

❶ 赵富春. 大学英语口语探究式教学研究［D］. 南京：南京航空航天大学，2010：7.

其涉及的内容要比教材内容广泛得多。这是因为，探究教学往往针对某一主题进行深层次的考究，无形之中就会涉及多领域、多学科的内容。

其次，在教学组织形式上，探究教学常常在学生与学生或学生与教师的交流、协商、讨论中展开，这种教学活动组织形式与传统的教学方法相比，具有明显的开放性。

最后，在教学管理上，探究教学以学生的自主探究为主要的学习方式，教师起监督与指导的作用。

（2）合作性。合作性是探究教学法的另一个显著特征。这里的合作主要指教师和学生间的合作。具体来说，仅仅依靠学生的自主探究来完成知识的学习和技能的掌握很难实现，因此，探究学习离不开教师的监督与指导以及同伴间的合作学习。

此外，每位学生的学习技巧、学习方法、学习能力等都存在差异，具有互补性，因此要想拓宽探究内容的广度与深度，就必须加强合作，增进互补性。

（3）实践性。大学英语口语探究教学的实践性是由大学英语教学的目标决定的。当今社会对英语人才提出了更高的要求，不仅要具备扎实的语言知识和技能，还要具备熟练的英语运用能力。探究教学为学生提供了充足的思考和使用英语的语言机会。

2. 探究教学法的步骤

在英语口语教学中，探究教学法包括五个步骤，即确立探究问题、收集数据、分析解释、讨论交流以及展示评价反思，具体如图 5-1 所示。

（1）确立探究问题。确立探究问题是探究教学法的第一步。旧问题解决后，随之会产生新问题，因此探究教学是一个循环往复的过程。口语教学实践中会产生多种问题，但是探究问题的选择和确立需要考虑多方面因素。一方面，有些问题产生的原因简单，很容易解决，因此不必探究；另一方面，有些问题用其他方法讲解会更加浅显易懂，因此也不适用于探究教学法。所以，教师确立探究问题之前要进行深入的分析和精心的选择，主要从以下几个方面考虑。

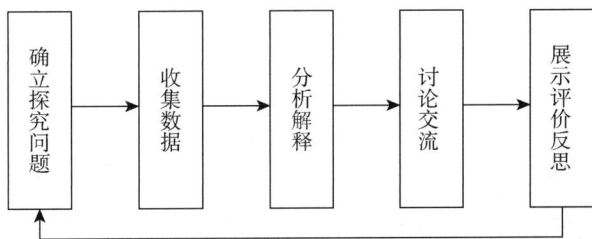

图 5-1　探究教学法的过程

首先，务必要考虑课程内容和先前教学中的知识积累。探究问题要在整个教学知识结构中起到承上启下的作用。此外，问题的深度与广度的选择还要符合维果茨基（Vygotsky）的最近发展区原则，即问题应是通过自我探究和教师的指导能够解决的问题。

其次，要考虑问题的创设情境。以教材内容为基础，创设出能够自然导出问题的情境。

最后，还要考虑学生的学习兴趣与学习动机。用更加新颖的方式提出问题。

（2）收集数据。大学英语口语教学探究教学法中数据的收集指的是与语言有关的语料，以及与文化、语言使用有关的艺术与策略材料的收集。

这一环节的实施需要教师严格监控，并给予学生收集内容、方向与来源方面的指导和建议。这样才能取得事半功倍的效果，否则就会白白浪费时间和精力。

（3）分析解释。分析解释是探究教学法的第三个步骤，这一环节对下一环节的讨论交流有重要影响。

对收集的数据进行分析，主要围绕语义和语用两个方面进行思考，对特定的交际情境和交际目的中所涉及的词汇、语法、句式、文化、交际策略等方面的因素在交际中的功能做出解释和总结。

（4）讨论交流。讨论交流贯穿于大学英语口语教学的始终，体现在课内与课外的各种交际活动中。在探究教学法中，学生完成课外探究之后，结合所得在课堂上与同伴就教师所给的探究材料进行有目的的交流讨论，同时做好记录。

（5）展示评价反思。展示评价反思是探究教学法的最后一个环节，也是不容忽视的一个环节。这一环节需要注意两个方面：一是学生的展示行为是否规范；二是教师的点评内容与评价方式是否得当。

第六章 跨文化交际语境下大学英语教师的发展

在全球化背景下，世界各地的政治、经济、文化往来频繁程度前所未有，而英语在各国交往中发挥着重要作用。新时期英语教师的专业素养决定了其能否正确地引导学生进行语言学习，培养出具有世界格局的英语人才。本章从跨文化语境下大学英语教师的角色定位、素质要求以及专业发展途径三个方面来探讨大学英语教师的发展。

第一节 大学英语教师的角色定位

一、学生跨文化意识的路标

跨文化交际能力的培养是一个长期的过程。实际上，跨文化交际能力的培养是通过提高学生的跨文化交际意识来实现的，跨文化交际能力是跨文化交际意识的外在表现。跨文化交际意识的形成包括以下四个阶段。

(一)文化意识觉醒时期

在文化意识觉醒时期，个体开始意识到文化及其影响的存在，并且意识到其他文化的存在。

在这一阶段的教学活动中，教师应努力引导学生发现不同文化之间的差异，不但包括具体、外显的文化差异，而且包括抽象、内隐的文化差异。文化意识觉醒时期的关键特征表现为非判断性观察，即客观描述所见文化，避免使用判断性语言进行评价。换言之，避免使用"滑稽""落后"或是"进步"等字眼仓促地为某种文化行为贴标签。理想的跨文化交际者应该以作科学报告的态度描述所见现象，因此，教师应该设计一些描述跨文化交际现象的课堂活动，提高学生对认知对象进行客观描述的能力。

(二)文化态度建立时期

在认识到文化和文化差异的同时，人们会对此做出积极或消极的反应。这一阶段，理想的培养结果是主体能够以中立或接受的态度对待文化差异，但事实上，人们最常见的做法是背离自身文化接受目的文化，或者排斥目的文化坚持自身文化。在这一阶段的教学活动中，教师应该着重帮助学生培养处理分歧和差异的能力，要让学生明白世界上并不只存在一种行为模式，也并不只存在一种社会组织方式，我们应该学会接受差异，接受文化多样性。

(三)融入其他文化时期

这一时期是跨文化交际意识和能力发展的高级阶段，个体在跨文化交际语境中表现出双重文化身份，可以进行双语思维。实现双重文化身份要求行为主体具有移情能力，这不仅要求行为主体把自己投射到目的文化的人物身份中，还要求行为主体自愿放弃与自身文化身份的密切关系。

行为主体开始尝试融入其他文化，以其他文化视角思考问题和实施行为。在这一时期的教学活动中，教师应引导学生转换文化立场，超越自己所在文化的框架模式，将自己置身于其他文化模式中，培养学生对其他文化的理解能力。

(四)文化理性时期

在跨文化交际意识形成的最后阶段，行为主体能够初步评价自己所属文化中的某些现象，并且能够对其他文化的某些方面做出判断和评价。行为主体的认知水平在这一阶段已经能够超越具体文化，看到不同文化中的优点和缺点，成为世界公民，找寻文化的共通之处，评价世界文化的活力和多样性。

在这一阶段的教学活动中，教师应培养学生尊重不同文化的能力，但此时教师应提醒学生在尊重其他文化的同时，可以保留不同的看法和意见。

二、培训者与合作者

英语教师不仅是英语语言的诠释者和分析者，更是英语语言技能的培训者和合作者。

学生进行语言学习时，对语言知识的掌握是必要的前提条件和基础，而学习语言的目的是提高和发展自己的语言运用能力。一般来说，语言技能包含听说和读写两类。从语言的发展规律来看，听说位居第一，而读写其次。但是，从外语教育的角度来说，读写位居第一，听说其次。这说明，英语教育的目标是让学生具备一定的读写能力，而听说能力是提升学生读写能力的前提和基础。

因此，在英语教学中，教师具备对语言技能的掌握能力是必需的，这是一个整体的概念，是听、说、读、写的有机结合。如果不能掌握这些技能，教师就很难驾驭语言课程，也很难娴熟地对语言教学活动进行组织，更无法完成提升学生语言技能的重要目标。另外，教师还扮演着英语语言训练合作者的角色。也就是说，并不是教师将任务布置给学生就可以了，还需要引导学生，参与到学生的活动中，让学生在教师的帮助下游刃有余地学习，既学到了知识，完成了任务，也提升了英语教学效果。

三、引导者与帮助者

英语教师是英语语言知识的诠释者，因此，他们首先应具有渊博的英语语言知识储备。也就是说，英语教师必须对专业知识有系统的掌握，并能够系统地分析各种英语语言现象。从教师教育的研究中不难发现，英语教师需要掌握的专业知识包含理论知识、形式知识、语境知识、实践知识等。这些知识不仅包含语言形式结构的知识，还包含语音知识、词汇知识、语法知识、语篇知识、社会文化知识等具体的语言使用知识。英语教师只有掌握了这些知识，才能对语言材料、语言现象有清晰的认识，也才能解答学生学习中所遇到的问题，使学生实现恰当的理解和语言输出。另外，语言技能的掌握和使用离不开语言知识的积累。无论教师采用何种教学策略，其必须教授的教学内容就是英语语言系统知识及对这些知识的分析和输出。可见，教师是学生学习英语语言知识的引导者和帮助者。

四、评价者与掌控者

教学评价是英语教学的一个重要环节。对英语教学进行科学、全面、客观、准确的评价有利于实现教学目标。教学评价既是教师获取教学反馈、改进教学管理、保证教学质量的一个重要依据，也是学生改进学习方法、调整学习策略的一种有效手段。教师通过批阅学生的作业就可以了解学生对知识点的掌握情况，也能给学生提供反馈意见。

五、教学方法的探索者

在英语教学中，教师不仅仅是固有教学方法的使用者，也扮演着新型教学方法的探求者和开发者的角色。语言教学具有很强的实践性，因此其与教学方法关系密切。英语语言知识的分析、语言技能的掌握、课堂活动的组织等都离不开教学方法的参与。英语教学方法有很多种，如语法—翻译法、听说法、交际法、情境法、任务法、自主学习法等，这些方法既有优点，也有缺点。任何一种教学方法都不是万能的，英语教师需要将各种教学方法综合起来组织和实施教学，以便取得更好的教学效果。就当前的英语教学来说，教学模式已经从传统的以教师为中心转向了以学生为中心，强调学生的地位，这有助于实现教师和学生的双向互动。

六、语言环境的创设者

根据二语习得理论，语言环境对于语言学习有着至关重要的作用，尤其是在缺乏真实语言环境的教学中更是如此。通过创设真实的语言环境，教师可以将新旧知识联系起来，并且让学生充分了解中西方的文化传统习俗，接受原汁原味的中西方文化的感染和熏陶。这比学生单独学习词汇和句子等成效显著。英语语言环境的创设不仅可以在课堂教学中进行，也可以在课外教学中进行。

七、课堂活动的组织者

对于任何教学活动来说，课堂活动是必不可少的，在英语课堂也不例外。英语课堂活动是课堂教学的载体，设计合理的英语教学活动有助于提升教学质量。英语是一门特殊的学科，有明显的实践性特征，因此作为课堂活动的组织者，教师需要对英语技能进行培养和训练，同时组织和营造积极的学习环境，让学生在轻松的氛围中掌握知识。

八、语言教学的研究者

英语教师除了担任语言教学任务外，还承担着教学研究的任务。他们在掌握语言教学理论与性质规律的基础上，逐渐构建自己的教学理念，并运用这一理念指导实践活动，达到良好的教学效果。因此，英语教师在英语语言教学实践中，必须进行英语语言教学的理论研究，将教学研究与课堂教学实践相结合，从而实现由理论到实践的转变和实践到理论的升华。

九、文化差异的解释者

英语教师还扮演着中西方语言文化差异的解释者的角色。文化背景与文化传统不同，价值观念和思维方式也存在明显差异。文化差异逐渐成了英语教学过程中的障碍。从社会文化角度来说，语言是一种应用系统，具备独特的规范和规则，是文化要素中不可或缺的一部分。在英语教学中，教师除了要教授英语语言知识和技能外，还需要教授文化背景知识，三者是相互促进、相互弥补的关系。在讲解语言知识的基础上，教师除了要讲解本土文化知识，还需要讲解英语民族的文化知识。

中西方语言文化的差异性主要体现在社会制度、风俗习惯、思维方式以及道德价值上，其在词汇、篇章、言语行为中都能够体现出来。作为中西方语言文化差异的解释者，英语教师需要对中西方的语言文化及差异性有清晰的了解和认识，因此需要大量阅读中英文资料，观看中英文电影，充分积累能够表现中西文化差异的素材。另外，需要指出的是，在扮演西方语言文化差异的解释者的过程中，教师需要保持一种中立的态度，文化没有好与坏，在素材选择上也尽量选取那些不会片面贬损任何文化的素材，这样才能更好地引导学生对文化差异有清晰的认知。

十、现代技术的应用者

新时期，即网络、多媒体广泛普及的当今社会，英语教师的职责并没有削弱，而是面临着更艰巨的挑战，因为这一全新的教育形式对英语教师提出了更高层次的要求。基于网络、多媒体开展教学的英语教师必须学会运用先进的教学手段和教学模式，改变传统的教学理念和模式，使自己成为现代技术的应用者，这样才适合当前教育的需求。对于英语教师而言，熟练应用现代技术的能力主要体现在如下六个方面。

(一)设计有效的主题教学模式

新时期，英语教学要求教师设计和探讨新的教学方法和教学模式，既要将网络多媒体的优势发挥出来，又要提升学生的学习效率。但是，英语教师设计的主题教学模式应该是学生感兴趣的热点话题。整个主题教学模式是围绕某一主题进行的，带领小组开展关于主题的分散讨论，最后以主题写作形式结束单元主题教学。当教师运用网络与学生进行讨论时，要对教学内容、网上的资源进行合理安排。一般来说，讲评和讨论可以在课堂上进行，而阅读和写作可以在网络上进行。教学中设计的每一个主题都可以在网上找到丰富的资料，包含其涉及的文化背景知识和发展动态，然后由学生进行整理总结，得出自己的结论，最后再与其他学生展开讨论，这样就可以使学生摆脱课本的束缚。

在这一教学模式下，教师在设计时尽量提供一些有效网址，如常用热点新闻网址，帮助学生接触更多的国内外新闻知识。同时，教师可以介绍一些国内外主要报纸、杂志的网址。另外，教师可以下载一些争议性、前沿性资料，激发学生的挑战意识和欲望。当然，对于一些敏感性话题，教师需要对学生进行正确引导，尤其是与国家尊严相关的话题。

(二)建立在线学习系统并监控学生的学习过程

网络多媒体技术为学生的英语学习提供了便利条件，而调控学生的学习、提供个别指导是教师的主要任务，但是首先要做的就是建立一个完善的在线学习系统。这一系统不仅包含教师端，还包含学生端。教师在教师端创建班级后，学生需要在学生端填写自己的信息，教师对学生端提交的信息进行审核，确定无误后允许学生加入该系统。

根据导航指示，学生可以获取相关资料或者下载下来。例如，在线学习系统包含"单元测试"与"家庭作业"等子项目，学生在"单元测试"中进行训练和测试，在"家庭作业"中提交自己的作文。之后，学生可以通过"师生论坛"或者电子邮件的形式与教师或者其他学生进行讨论，参与网上的交互。

不难发现，在线学习系统是课堂教学的延伸。通过系统的处理和记录，教师可以将学生的记录进行比较综合，从而迅速、直观地了解学生的学习状况。

(三)设计单元任务

单元主题目标的达成往往需要对单元任务进行设计，学生通过对真实任务的探索以及对英语语言的操练，既能够扩宽自己的知识面，又能够提升自己解决问题的能力。因此，语言单元训练任务是语言学习的一项重要项目，这就要求教师在网上设计相应的能够提升学生基本技能的任务，让学生在规定的时间内完成任务，提交后查看结果，系统当场给予学生分数。学生以这种方式完成一系列任务，有助于降低压迫感与挫败感，他们也愿意参与到任务中。

语言单元训练任务的完成是学生接下来解决问题的前提，他们只有掌握了必备的语言素材，才能对相关的语言材料进行操练和应用。通过网络，学生可以根据自己的实际水平选取教师设计的单元任务，然后进行师生交流、生生交流，最后以网上作业的形式呈现自己的观点。

(四)促进交互机制实施

单纯的语言输入并不能保证语言的习得，而交互活动是语言习得的关键，其中交互活动包含意义协商和语言输出。网络多媒体为英语学习的交互提供了巨大便利。作为交互学习的促进者，教师应该组织、指导和激发学生参与到主题单元的交互活动中。例如，利用QQ就某一专题与学生展开交流；利用BBS发布教学内容，为学生布置学习任务，为学生分析解决问题提供指导；利用QQ群或者讨论组与学生进行交流等。这些网络交互活动可能具有即时性，也可能具有延时性，但是在整个活动中教师都是以促进者的身份与学生进行平等的讨论，并给予恰当的意见。

(五)帮助学生利用网络学习

网络多媒体辅助英语教学的一个重要特色就是其具有网络监控作用。通过网络监控学习，学生可以了解自己的学习过程，实现自己的目标。教师是学生网络学习的帮助者，尤其是后进生的帮助者。通过学生对网页等的浏览记录，教师可以了解学生的参与情况和次数，帮助他们了解学习中的困难，并解决实际问题。但是，由于学生出现的问题不同，教师应该根据不同的学生给予不同的指导和辅助，促进学生得到不同层次的提升和进步。可见，教师对学生网络学习的帮助更人性化，避免了学生产生畏惧心理，并能够帮助学生快速地解决问题，完成自主学习。

(六)搜集和分析大数据

2013年，信息技术发展到大数据阶段。随着在线公开课程被大规模使用，学生可以免费获取大量的名校课程，学生进行学习的途径有更多选择，这就对英语教师提出了更高的要求。数字教育平台的建立使各门课程的网络学生增多，网络信息库的资源被迅速发掘出来。通过对学生的海量信息进行收集和挖掘，教师能够更准确地把握学生特征以及学习效果，并对学生下一步的学习形式和内容进行预测，真正地实现因材施教。作为大数据的搜集挖掘者和分析者，英语教师必须把握大数据分析的技巧和方法，其中包含模型预测、机器学习、比较优化、可视化等方法。

第二节　大学英语教师的素质要求

一、我国英语教师文化素质的现状

提高英语教师的文化素质，是落实英语新课程教学要求，深入人文教育的必经之路。英语教师要想培养出具有较强英语语言能力与跨文化交际能力的高素质学生，需要先提升自身的文化素质。然而，当前我国英语教师的跨文化素质并不尽如人意，具体可以从两个方面看出。首先，在具体的英语教学过程中，教师经常忽视英语语言背后的文化信息。教师通常只强调培养学生的"纯语言能力"，很少教授与英美语言习惯、生活方式等相关的文化背景知识。其次，在具体的教学过程中，教师主要采用语法—翻译教学法，忽视了对学生听、说、写等运用能力的培养。其造成的后果就是，语法讲解过多，实际交际过少，文化输入缺乏。在这种背景下，教师教出来的学生整体缺乏对英美文化背景知识的了解，无法灵活地使用英语与英语国家的人进行交际。

二、影响英语教师文化素质提升的因素

概括来说，影响英语教师文化素质提升的因素有以下三个。

(一)教育理念亟待更新

从当前我国的教学现状看，英语教师存在的主要问题是"重语言，轻文化"。因此，当前提升大学英语教师文化素质的关键在于更新教学观念。不少英语教师因为文化素质不高而对一些国家的文化背景缺乏了解，且对目的语文化意识的导入不到位，使其在英语教学中仅注重英语语言结构上的教授，忽视对学生跨文化意识的培养，导致英语学习与文化教学完全脱节，最终使学生在实际跨文化交际中频繁出错，大大阻碍了学生交际能力的提升。

(二)提高文化素质的积极性不够强烈

新的教学改革要求英语教材要与学生生活贴近，以更好地提高学生的思想素质与人文素质。这就要求教师更新教学理念，注重教学中文化的导入，培养学生的跨文化意识与跨

文化交际能力，而最重要的就是先培养和提高自身的文化意识。受应试教育的影响，我国培养的英语教师大多缺乏对英语语言文化的观察能力和敏感度。这就导致在现代信息化社会，尽管能接触更多的语言文化信息，但仍无法主动灵活地理解、把握并运用。另外，一直以来，教师都将更多的精力放在职称考评上，几乎没有时间和精力主动地提升自己的文化素质，更不会主动研究和学习英语语言的变化和人文特点，因此严重缺乏提升自身文化素质的主动性。

（三）提高文化素养的现实性与持久性被忽视

忽视素养提高的现实性与持久性也是当前英语教师普遍存在的问题。一些教师将很多精力放在研究语言结构和语法上，忽视了自身素质提升的现实性与持久性。英语教师对英美等国的历史、地理、生活方式、生活习惯等文化背景知识的掌握不全面、不扎实、不系统，将严重影响其教育活动的开展。只有全体教师的文化素质提升，才能真正提升文化品位，从而使学生的素质教育尤其是文化素质教育更为持久和有效。

三、跨文化语境下大学英语教师应具备的素质

（一）教学素质

1. 教师应具有精湛的专业水准和知识储备

跨文化语境下的大学英语教师需要具备精湛的专业水准和知识储备，即扎实的语言基本功。语言基本功是指教师能够驾驭和把握英语语言知识和语言技能，能够得心应手地运用英语这门语言进行授课，这是对大学英语教师最基本的素质要求。

就当前而言，教师最重要的业务素质就是拥有较强的口语表达能力及写作能力。因为在新时期，大学英语教师与学生主要是通过文字与声音来交流的，如果教师表达清晰，那么就可能与学生进行很好的沟通。可以说，语言丰富多彩、文字表达准确流畅是教师的必备素质。同时，教师应引导学生培养自己的批判性思维，掌握不同文化的差异性，有选择地吸收他国文化，激发学生使用英语的兴趣，进而使学生从中感悟人生。

除了具备基本的知识储备，跨文化语境下的大学英语教师还应具备运用现有知识和技能来学习其他信息、其他知识的能力。如今课堂上对很多问题的讨论都具有开放性，既不能预测，也不能设定结果，也就是说，教师和学生站在同一起点上，如果教师缺乏足够的知识储备，那么将很难引领学生进入下一阶段的学习，也无法在学生面前展示出教师的形象。

2. 教师应掌握丰富的教学方法

与之前相比，如今的大学英语教师的角色发生了巨大改变，教师主要扮演的是教学的设计者、学生学习的协作者。教师与学生之间是互助合作的伙伴关系，学生是任务的操控者和实践者，所以教师的教学方法就会发生改变。如今，教师不应仅使用单一的口述教学法，而应该借助多种教学方法对教学内容进行展示。例如，教师在开展网络多媒体辅助下的英语教学时，可以将课堂、个别、自学等形式结合起来，随时了解学生的学习情况，学生也能选择适合自己的学习方法和内容。此外，教师可以优化传统的教学法，如暗示教学法、合作教学法、案例教学法、启发教学法等，加强这些教学方法的合理使用，弥补之前这些教学法的不足，从而提升学生的兴趣和积极性，提高英语教学效果。

3. 教师应该具有新颖的教育理念

通过对新时期的英语教学进行研究可知，外语习得是学生在一定的社会文化背景下，通过他人的帮助，利用学习资料，以意义建构的形式来获取外语语言能力。这一新颖教育理念要求教师以学生为中心，教师的责任是指导学生，参与与学生的互动。事实上，教师和学生都是主体，教师主要起教的作用，而学生起学的作用，因此，互动主体课堂理念不仅没有将教师的意义抛之于外，反而更注重教师的监督和管理作用。也就是说，教师发挥至关重要的作用。在课堂开始之前，教师需要搜集相关课堂教学资料，设计与课堂主题相关的题目，提前布置给学生任务，让学生积极地参与其中。

基于此理念，教师作为教的主体，应该充分发挥其指导作用，在课前就相关教学资料展开搜索，设计相关的语言活动主题，为学生布置课堂上的活动任务，激发学生参与的积极性与主动性，并且要求学生在课下通过网络搜集资料，进行交流讨论等。就课堂上的交流活动而言，可以播放视频，也可以制作 PPT 课件；可以先个人陈述观点，后进行讨论点评，也可以先讨论，后展示；可以是个人展示，也可以是小组活动。生生互动与师生互动的课堂延伸活动与教师的监测均可以在课堂教学中进行，使学习活动任务在教学中构成统一的整体。

4. 教师要具有一定的创造性思维

创造性思维是思维领域中最高的形式，它属于有价值的思维形式。所谓创造性思维，是指运用新方式、新技术来解决问题、处理问题。创造性思维具有 4 个基本特征。

（1）多向性：包含发散性思维与聚合性思维。

（2）独特性：能够打破常规，从独特的角度发现和解决问题。

（3）发展性：对事物的发展具有预见性，从而推测事物发展的趋势。

（4）综合性：通过综合和分析归纳，抓住事物的主要矛盾和矛盾的主要方面。

在新的社会环境下，大学英语教师应利用各种教学资源开展教育创新和科研工作。独特性思维需要教师充分掌握中英文信息资源，以便设计出有个性的教学模式和方法。多向性思维要求教师对教学资源具备归纳的能力，从而优化自己的教学效果。综合性思维要求教师具有将英语学科与科学技术整合的能力，将科学技术最大化地运用到英语教学中。发展性思维要求教师具有前瞻性眼光，跟随技术发展预测教学的发展前景。

（二）职业道德素质

职业道德是作为一名教师基本的行为操守与道德品行，是教师在教学过程中调控与国家、与社会、与学生之间关系应该遵循的道德意识、道德规范、道德情操的综合。不管教学模式、教学形式如何变化，对教师的职业道德要求都是不变的。在当前的英语教学中，教师与学生之间的交流经常会涉及各种疑问和讲解，所以教师需要具备过硬的品德修养，强烈的耐心和责任心，对学生的成长加倍关注，帮助学生答疑解惑。

教师崇高的职业道德要求他们对待学生要循循善诱、宽厚待人，善于关注学生及其身心健康。教师应该先了解清楚学生的心理特征，帮助他们形成正确的价值观与人生观，构筑积极、健康的心态和体态。在当今时代，学生会受到虚拟环境的影响，其接受的海量信息复杂多样，他们的心灵也会随之受到冲击和考验。同时，学生具有个性化、多样化的特点，所以他们更加注重个体对事物的体验，对平等、个性等有极大的认同感，这种敏感的认同必然会导致学生产生很多问题。

因此，英语教师应帮助学生培养品德，经常与学生沟通，了解学生的心理动向；还可以为学生推荐一些必读物，为更好地参与校园活动、树立正确的人生目标、与其他同学友好相处做好准备。当今时代，教师可以通过互联网技术为学生提供有价值的电子书与视频文件，引导他们形成积极向上的心态。比如，教师可以建立 QQ 群、讨论组、微信群等，供大家交流，了解学生在学习过程中遇到的问题。

（三）科研素质

理论源于实践，英语教学的理论也源于具体的科研实践。反过来，科研实践是检验科研理论的基础。教学需要将理论与实践相结合，教学实践也需要科研理论的指导，而新的科研理论方法产生于教学实践，二者相互促进、相互补充、共同发展。

从当前来看，英语教师应具备非凡的科研能力，首先教师应具备基本的研究方法，如教学实验法、问卷调查法、访谈法、文献法、个案研究法等。在教学实践中，教师应从自身的需要出发，选择与自己相符合的研究方法。其次，英语教师需要具备信息加工、网络搜索、信息反馈等科研能力。

（四）信息素质

1974年，美国信息产业协会主席保罗·泽考斯基提出了一个重要概念——"信息素质"。他认为，如果一个人的信息素质很高，那么他就可以获得完整与精确的信息，这些信息是做出合理决策的基本；他可以确定信息的需求，形成基于这些需求的问题；他还能确定哪些信息源是潜在的，从而根据这些信息源制订成功的检索方式；他还有获取、组织、使用和评价信息的能力。因此，英语教师应该形成信息化教学的习惯，使自己的知识向多样化方向发展。

近年来，英语教师提高教学质量的关键就是掌握现代技术和具备较高的信息素质。具体而言，英语教师需要做到如下4点。

（1）具备了解最新动态、及时捕捉前沿信息的能力。

（2）具备较强的信息运用和创造能力，这是英语教师与其他职业在信息素质上有明显区别的特征。

（3）具备较强的信息获取、信息存储、信息加工、信息筛选、信息更新、信息创造的能力，这是教师具备较强的信息素质的核心。由于各类信息的复杂性与变化性，英语教师需要对相关有价值的信息进行辨别，并且能够对这些信息进行加工和利用。

（4）具备良好的信息意识，能够从复杂的信息结构中捕捉到有效信息，把握英语这门学科的动向。同时，教师还能够抓住学生的信息，对他们的心态与体态有基本的把握，从而为保证学生的健康发展奠定基础。

第三节　大学英语教师的专业发展途径

一、扩大教师对外交流的机会

在当今社会，英语教师与外部学者之间的交流和合作是一个重要趋势。教育相关部门应尽可能多地为教师提供对外交流的机会，如与外国院校合作进行交换生的教育，或聘请外籍教师和专家对中国的英语教师进行培训。当然，如果条件允许，还可以组织一些由在校英语教师与外籍专家参与的座谈会，为中国的英语教师提供更多的学习和使用英语交流的机会。此外，也可以选派一些优秀的英语教师出国参加培训，让他们真正身临其境，增加自身的阅历，并亲身体会和感受英语国家的文化。

二、借助多媒体技术，获取文化背景知识

英语教师若想提高自身的思想素质，树立牢固的敬业精神与奉献精神，就要不断增强自身的文化素养，扩大知识的广度与深度。在提高自身专业素质的过程中，在考虑自身已具备一定的外国语言文学与历史知识的基础上，在听力教学方面选取多种听力材料，通过不同形式增进自身对听力材料和文化背景知识的深刻理解。英语教师在利用英汉媒介扩大视野的同时，还要加强自身的文化素质，在学习中可以选用现代化的教学设备。这种教学方式可以更加生动具体、真实直观地向教师呈现英语国家的文化背景。对英美等国的文化背景、生活习惯、价值观念等了解的过程，可以增强对文化的认识，从而提升自身的文化素质。

三、提高教师的专业引领能力

随着英语教学改革如火如荼地进行，很多先进的教育理念只有通过教育研究者与骨干教师等高层次人员的协作与带领，才能促进教师专业和素质的发展。一般来说，具有专业引领作用的主要是教育领域的专家、研究者以及资深教师等。通过向这些人学习，英语教师能吸收英语教学领域中诸多先进的经验、技术和思想，从而提升自身的专业化素质。

(一)专业引领的基本要求

1. 发挥专家、英语教师双方的积极性和能动性

引领人员不同，其侧重点也不同。科研专家注重教育的理论，所以其引领的是科研理论与实践的紧密结合。英语骨干教师注重教学实践，所以其引领的是教育教学活动的具体实践操作。但是不论是科研专家还是骨干教师，均应具有较高的专业引领能力，既能在理论上给予专门的指导，又能在具体的教学活动中给予帮助，以行之有效的方式帮助教师开展具体的教学活动。对被引领的教师而言，他们应积极主动地配合科研专家、骨干教师的工作，对他们给予的意见与建议认真听取，进而对自己的教学活动进行总结与分析，反思

自己之前的教学活动，从而不断提升综合素质。

2. 目标明确，内容正确，方法恰当

英语教师专业发展的总体目标是使其掌握新知识、新信息，且可以运用这些新知识、新信息提高专业素质。但是，由于英语教师存在个体上的差异，其在水平上与专业发展方向上有很大不同。专业引领人员应该从不同教师的实际情况出发，制订科学合理的目标，选择具有很强针对性的内容和方法来引领，从而实现引领的有效性和合理性。

(二)专业引领的主要形式

1. 阐释教育教学理念

从某种程度上说，大学英语教育的教学行为受教学理念的影响和制约。专业引领人员可以采用学术报告、知识讲座等形式，引导教师掌握先进的教育思想。

2. 共同拟定教育教学方案

英语教师掌握了先进的教育理念后，就应有意识地培养自身的认知与教育理念。在此基础上，专业引领人员应与英语教师进行研讨，与教师共同探讨先进的英语教育方案。在此过程中，专业引领人员不仅应起到引领的作用，而且要对教师的教学设计进行恰当指导，从而使教师的教学设计更具合理性，使教学活动更具独特性。英语教师在专业引领人员的指导下，顺利地制订出与大学英语教育理念相符的教学方案，并且在具体的教学活动中加以实施。

3. 指导教育教学实践

教学方案制订完毕，就应对其加以实施，即将具体的教学方案应用到实际的教学活动中，从而验证教学设计与方法。在验证过程中，专业引领人员应参与到教师的教学活动中，对教师的教学行为进行关注和记录，根据记录对教学方案和具体的实施加以对比，从而找出二者之间的差距。英语教师课堂教学结束之后，与专业引领人员一起分析和探讨，对教学方案进行进一步修订，从而使教学行为与教学设计都得到更好的改进。

四、注重教学实践

在提升英语教师专业能力的过程中，实践是不可或缺的环节。教学实践就是将教师的教学能力提升与平时的授课联系起来。英语教师的教学能力主要在日常课堂中体现出来，而教师教学能力提升的动力也来源于日常教学实践中。

只有通过日常的实践，教师和学生才能得到共同发展。在教学实践中，要注意如下几点。

（1）在英语课堂上，教师一般会对课堂起直接的影响作用，这是外在因素无法削弱的，他们决定着学生学业表现的高低。

（2）在英语课堂上，学生和教师都是学习者的角色，所以应对二者的共同提高予以关注。

（3）通过课堂教育与发展这一理念，教师应该将课堂场景与社会紧密联系起来，实现英语教育、社会、个人相结合。

（一）提高跨文化意识

教师在跨文化交际英语教学中，需要对学生的跨文化意识进行培养和提高。因此，教师在学生跨文化交际能力的培养中有着非常重大作用。

1. 培养跨文化意识的意义

跨文化意识是指在跨文化交际中自觉或不自觉地形成的一种调节方法和认知标准。可见，跨文化意识主要是指对文化差异的意识。

跨文化交际涉及"信息源编码—信息传递—解码—反馈"等多个环节，是一种双向信息交换的动态过程。在这一过程中，教师在信息传递中起着桥梁作用。

可见，培养跨文化意识影响着教师的教学效果。若跨文化意识较弱，一旦遇到有文化内涵的词语时就可能犯错误，造成交际语言不得体或交际失误。

此外，教师还应积极扩充教学中语言表达失误的内容，让学生了解语言失误现象，认识到跨文化交际意识对交际的影响，最终提升学生的跨文化交际能力。

2. 跨文化意识培养在教学中的体现

（1）母语文化与文化教学的关系。

教师在教学过程中应该让学生了解并掌握具体的英美文化，并提升学生的英语文化思维。同时，教师需要科学衡量母语文化和文化教学之间的关系，不能让学生盲目崇拜与模仿他国文化，以至抛弃本国文化。文化并没有高低之分，中西方文化是带有差异性的文化。教师需要从以下几个方面提升教学的有效性。

首先，在教授西方文化的过程中，教师应引导学生加强本族文化的学习。

其次，在教授西方文化的过程中，教师可以适当增加中国文化的语言材料，从而使西方文化和汉语文化相融合。

最后，教师应该提升语言材料的筛选质量，实现教学材料中文化的多样性与多元性。

（2）语言教学与文化教学的关系。

教师在进行文化教学时，切勿盲目地引入文化知识，要具有针对性和系统性，同时要遵循实践性和交际性原则，否则就达不到文化教学促进语言教学的目的。

英语教学必须在基础语言教学中融入文化教学，即在开展语言知识教学与语言技能教学的同时引入文化因素的教学。

上述跨文化意识培养在教学中的体现能够提高学生的专业素质，对于提升整体英语教学效果，实现教学的实用性和应用性也大有裨益。

（二）更新教学理念

1. 调整教学目标

当今社会需要学习者更加深刻地认识本族文化，同时提升人才的国际竞争力，拓展人才的国际视野。

从这个角度出发，英语教学目标应注重培养学生的跨文化意识与能力，具体涉及以下4个方面。

（1）能力目标。能力目标是指听、说、读、写的能力以及运用英语进行交际的能力。

（2）知识目标。知识目标主要包括语音、词汇、语法等方面的知识。

（3）情感目标。情感目标是指培养学生尊重英语文化，并引导学生感受中国文化的独特性。

（4）文化目标。文化目标是指提高学生的跨文化意识，更好地理解中西方文化的差异。

2. 转变教学主体

传统英语教学中的教师是课堂的主宰，学生在学习过程中不能自主思考与分析。这种教学方式打消了学生的学习积极性，同时使学生所掌握的英语知识并不牢固。长此以往，学生的语言应用能力便得不到提升。因此，教师要真正以学生为主体安排教学活动，使学生居于文化教学和英语教学的中心地位。教师也要转变自身角色，更好地为学生的英语学习服务，做好教学的指导者。在这种转变下，学生会认识到自身的重要性，从而转变学习态度，以更加积极的姿态进行英语学习。

（三）平衡教学关系

英语教学过程包括教与学两个方面，教师应该平衡二者的关系，使二者相互促进、相互配合。

1. 能动关系

所谓能动关系，是指为了取得最优的教学效果，使教学关系默契配合，应充分调动学生学习文化知识的主动性和教师教学的积极性。

2. 教练关系

英语课程具有较强的实践性、知识性与应用性，这就要求教师采取各种方式方法对学生在听、说、读、写等方面进行大量训练。因此，教师首先需要对教材进行了解和研究，并以此为基础组织和设计教学内容。

从教学实践角度来看，学生课堂学习的时间是有限的。此外，英美文化具有复杂与广泛的特征，因此安排学生利用课外时间自学就显得十分必要。为拓展学生的知识面，教师可以利用课外时间组织学生开展多种形式的活动。例如，教师可以鼓励学生上网浏览查询有关英美文化知识，在课外有目的地阅读一些英文报纸、杂志。

文化教学中不同语言之间具有一定的共性，正因为如此，不同的文化信息得以进行等值传递。所以，教师应使文化教学服务于语言教学。值得注意的是，文化共性并不代表没有特性，教师要向学生讲解英汉文化之间的差异，并逐步培养学生对英汉文化差异的意识。

五、开展校企合作

开展校企合作之前，首先应该了解什么是"校"与"企"。"校"是指学校，而"企"则是指企业或"行业界""工业界"，校企合作就是学校与企业的合作。在教育领域中，校企合作就是对教育活动、改革发展情况等规律的整合和揭示。著名学者杜威(Dewey)认为，学校就是社会，而教育就是生活经历，学校是社会生活的一个重要形式。由杜威的观点可知，校企合作模式是学校与企业为了达到各自的目的而建立的一种合作共同体。其构建的目的是实现产品研究、技术开发、教育培训、学生培训、社会服务等。在英语教师发展层面，校企合作模式有2个基本观念。

(1)对英语教师能力的提升应从系统的观念和全局出发，从而实现整体化改革，这在学校内部是无法解决的。

(2)要确保英语教学能力真正得到提升，首先应该营造一个开放、自然的生态环境。

在实际教学中，校企合作要求学校和企业构建高素质的专业教师队伍。具体来说，需要从以下两点着手。

第一，英语教师应深入企业，亲自进行体验与实践。在企业中，英语教师可以深层次感受企业文化，从而树立企业观、市场观，并明确自己的教学目标，提升自己的教学技能。

第二，企业的高级员工去学校讲学，进一步强化教师队伍，解决当前学校师资力量薄弱的问题，最终实现师资共建。

六、组织同伴观摩

同伴观摩就是同行业的同事之间互相进行课堂旁听。在开展这类活动时，观摩教师应该保持坦率、真诚的态度，加倍关注任课教师的教学行为，而不是仅对任课教师进行监督和评价。这既推动了任课教师的发展，也对自己的课堂教学有一定的借鉴意义。当同伴观摩时，任课教师与观摩教师就该课堂的教学环节、教学问题展开分析和商讨，而后决定采用何种观摩形式。观摩结束，教师之间要对观摩结果进行总结。通常，同伴观摩的方式对英语教师专业能力的发展有重要作用。

(1)同伴观摩对被观摩者与观摩者都有重要意义。同伴观摩需要任课教师与观摩教师共同参与、共同合作。对于观摩者来说，他们观摩的是同伴的教学策略、教学实践、教学效果等方面，从而找出其教学的优缺点，并将优秀之处运用到自己的教学实践中。对于被观摩者来说，他们可以通过观摩者给予的建议，对自己的教学活动加以总结，进而不断改进教学过程，获得更好的教学效果。

(2)同伴观摩可以避免评估观摩模式与监督观摩模式产生的不利影响。一般情况下，监督观摩模式带有浓重的监督和评估色彩，且对于任课教师的评估往往存在较大的主观性与规定性，这极大地影响任课教师的心情和教学展示效果。相比之下，同伴观摩则不会出现这种情况，因为同伴观摩中的观摩者和被观摩者地位身份比较接近，所以采用观摩方式是妥当和合理的，有利于促进英语教师的教学发展。

总而言之，同伴观摩的方式为英语教师专业能力的提升提供了一个平台，推动着英语教师向更高层次的水平迈进。

七、实施学校督导

提高大学英语教师专业素质的关键除了教师个人的意识外，还包括其工作的场所——学校。学校是教师专业发展的直接外部因素，学校的管理影响着教师的专业素质与能力拓展。学校督导的措施有很多，如用人制度、教师评价制度、教师培训等。学校通过这些管理措施，合理分配教学资源，激发教师专业发展的动机，提高教师专业发展的素质和能力，为教师的专业发展提供良好的外部环境。

（一）用人制度

1. 制订改革策略

第一，要具有全面性和系统性。高校在改革教师人事制度时，既要参考过去改革的经验和教训，又要着眼于高等教育未来的发展趋势，考虑经济、社会、文化、环境的影响。高校教师人事制度改革应当注重全面性和系统性，从多方面同时推进。

第二，要具有多元化和整体性。改革有破有立，若不想让其在各种利益诉求中被协调、被冲淡，必须系统性地思考，结构化地设计。高校人事制度改革要以师资队伍建设为重点，根据教师发展的个性特点，为每位教师提供合理、清晰的发展路径，在"以人为本"的指导思想下，做到人尽其才。薪酬制度是人事制度改革的重要落脚点，高校应做好多元化、整体性的薪酬体系设计。

第三，要注重差异性和个性化。大学的人事制度改革需要在基本规范的前提下尊重差异。差异化管理要求差异化的考核评价和奖励标准。术业有专攻，对不同学科的教师采用不同的评价体系，保持师德师风、教学质量、学术潜力等评价要素的总体一致。高校对于不同类别和层次的人才签订个性化合同，采取发展性评价，建立不同的分流路径，实施退出保障制度。

2. 扼住改革要害

（1）高校要以开放的心态加大优秀师资和杰出人才的引进，尽快建设一支多元化、国际化、高水平的师资队伍。

（2）高校要在目前"出国进修""访问交流"的基础上，增加师资培育方式，进一步完善师资培育开发机制。

（3）高校要建立严格规范的晋升机制。

（4）高校要形成一套既具有高度灵活性，又有一定国际竞争力的的教师薪酬体系。

（5）高校要调整和建立相对合理的师资队伍结构。

（二）教师聘用制度

1. 保证科学合理的岗位设置

岗位设置是实行高校教师聘任制的基础，岗位设置合理与否将直接关系到学校各类资源的合理配置，影响教师发挥其工作潜能和工作积极性，影响该学科的发展乃至整个学校的发展。高校不能"因人设岗"，而要"按需设岗，强调岗位，淡化身份"，坚持因事设岗的原则。

高校的岗位设置必须根据学校的定位与特点，在科学合理、结构优化、精干高效原则的指导下，为教师自身的成长和整个教师队伍的发展提供支持和保障，结合社会对人才的需求，科学合理设置不同层次的岗位。在学科平衡发展的问题上，应结合学校长远发展规划，有针对性地挖掘学校优势学科和新兴学科；重点扶持需要大力加强的学科，满足其岗位设置和人员配备需要；引进优秀人才。

另外，还要考虑学校的师生比。目前，有些高校片面追求办学规模，违背了"以学生为本"的办学指导思想，一味地扩招，师生比严重偏离了人才培养的需要，导致人才培养质量下滑。因此，高校在教师聘任制的岗位设置中，必须处理好教师队伍数量和质量的关系，在扩大教师队伍规模、降低师生比的同时，重视提高教师队伍质量。

2. 形成公开公平的招聘体系

第一，实行公开招聘。高校在招聘教师时，必须做到公开招聘，要保证信息公开化、程序公开化。学校应在互联网、报纸或其他相关媒体上公开发布招聘信息，面向全社会，公开聘任条件、招聘委员会成员等，以使符合规定条件及有意愿者都能获得公平竞争的机会。

第二，明确任职资格。高校在招聘教师时，为确保高质量的教师队伍，必须明确教师的任职资格，确定教师任职必备的各项条件。不同类型的高校应该结合本校的实际对任职资格各有侧重，各学科也应该结合学科和专业特色设定不同的任职标准。

第三，明确遴选权。当前，不少高校的遴选过程都体现出随意性，仅仅依靠行政权力或是以行政权力为主完成教师的遴选。这与学术自由的价值取向是不符的，高校应在教师的遴选过程中给予学术组织充分的发言权。学术组织可以从学科和专业发展的角度去选聘，这样有利于遴选出高校发展所需要的人才，因此，高校应该明确对新任教师的遴选权，避免遴选过程中的随意性。

第四，改善"近亲繁殖"现象。高校应取消留任本校毕业生的做法，逐步改善教师的学缘结构。师资上的"近亲繁殖"必然会导致学术上的"近亲繁殖"。高校降低留校生人数直至逐步取消时，高校的岗位会更加开放，这有利于招聘的公平性，有利于人才的公平竞争。

高校可以采取毕业生互换的政策，通过交流优秀毕业生吸收所需人才。对于某些特殊专业，可供选择的优秀人才并不多，也可以参照美国的做法，将本校优秀毕业生派往其他学校或机构工作一段时间，然后回校从事教学、科研活动，这样不仅可以吸引优秀人才，而且可以有力地弥补"近亲繁殖"的不足。

3. 建立科学规范的考核制度

考核是聘任、各项福利分配以及是否续聘的主要依据，是对每个教师的岗位职责完成状态的鉴定，是全面推行聘任制度的重要条件。因此，考核制度是否科学规范，关系到教师聘任制能否得以有效实施。

(1)建立科学的考核指标。准确的考核和评价是现代科学管理的基础。高校要进一步建立和完善符合高校用人特点的科学的考核方法和评价体系。考核指标设计要公正、客观、准确、民主，使指标具有高度的科学性和可操作性。

(2)重点考核与全面考核相结合。在教师考核中，既要抓住考核重点，又要保证对教师进行全方位、多层次的考核。既要考核专业能力，又要考核师德学风；既要考核科研，又要考核教学；既要考核学术工作，又要考核社会工作；既要严格要求，又要体现人文关怀。

(3)定性考核与定量考核相结合。定性考核简便易行，但准确性较差，仅有定性考核而无定量考核易导致形式主义或主观武断。定量考核准确性强，但量化指标复杂，且往往容易引导考核的参与者只注重结果而忽视过程。因此，考核宜由测量统计开始，通过测量获得一系列数据，并对这些数据做出统计，在此基础上结合定性评价的质量分析对教师的业绩做出评价。

(4)实行分类考核。在考核过程中，既要重视高校教师岗位的共同特点，也要关注学科的差异、工作性质和任务的不同以及教师的个体差别。因此，需要注重考核的差异性和针对性，对不同的考核对象，考核应各有侧重，真正做到分类考核。

首先，高校在考核时，应当针对不同学科类别的特点和工作规律，采用与之相适应的考核评价体系。其次，应该按照教师工作的特点，将教学、科研岗位与管理岗位严格划分，根据不同的岗位特点、工作性质和任务，进行分类考核。学科内部不同岗位的教师应设置不同的标准。最后，高校教师由于成长环境、教育背景、个人性格等方面的不同，个体间存在很多差异，如有些教师倾向于教学，有些教师擅长研究，因此，高校应结合教师的特点，灵活地安排工作岗位，并科学地进行分类考核。

4. 推进健全有效的退出机制

目前，我国高校聘任制仍存在流于形式的现象，合格的被聘用，不合格的也被继续聘用，结果并没有真正提高教师队伍的整体水平。完善高校教师聘任制的关键是坚决地实行教师退出机制，确保教师"能进能出"，将不合格教师淘汰出局。尽管被淘汰的是少数，但可以使大多数教师感到竞争的压力。

聘任制的核心就是定期聘任与终身任用相结合，即教师的"出"与"留"的问题。而要做到定期聘任与终身任用相结合，就必须建立健全的淘汰和退出机制，这正是我国高校教师聘任制度比较欠缺的部分。由于受传统观念和做法的影响，我国高校几乎所有正式教师都享有实际意义上的终身制。我国高校可以学习国外高校模式，在对部分高级职务者实施终身聘任的同时，对多数教师实行定期聘任，即做到定期聘任与终身任用相结合。

(三) 校本培训制度

对于在职英语教师队伍整体素质水平的发展可通过教师专业化的培训来实现。

1. 培训内容

(1) 教师在培训中要系统了解语言教学的基础理论知识和国内外英语教学的发展趋势，把握英语这门学科最新的教学理论和动态发展。

(2) 教师通过培训要能够将新的教育观念和思想内容融入英语课程的设计、教材的分析以及课堂教学模式的运用中。

(3) 教师通过培训要熟练掌握和运用现代教育技术，如独立制作多媒体课件，熟练应用计算机和网络技术。

(4) 通过培训，教师要掌握系统的英语测试及评估理论，能够运用科学的评价方式来评价自己与同事的教学以及学习者在学习过程中的具体表现。

(5) 培训教师一定的科研能力，从而使教师可以在总结中反思自己的教学得失。

总之，教师的专业培训需要在终身教育思想指导下贯穿职业生涯的始终。

2. 培训措施

英语教师专业培训的顺利进行离不开教育相关部门的大力支持和帮助。

(1) 学校管理者要更新观念，将学习者培养与教师培训放在同等重要的位置，在生活上多多关怀教师，减轻教师的低效劳动负担，使教师有充足的时间、精力来提高自己的教学水平和研究能力。

(2) 学校管理部门要为教师提供一种宽松的民主环境，使教师可以自由地发挥和施展自己的个性和才华。

（3）完善培训的管理措施，有效解决教师学习和工作中的矛盾，大力鼓励教师积极参加在职教育培训。

（4）为教师制定新的考评内容和标准。对于教师教学水平和技术能力的考评，一定要避免盲目追求形式和恶性竞争的不良循环，如此才能达到促进教师专业成长的目的。考评的作用之一就是引导教师学会自我总结和反思，以便改善自己的教学方式。因此，考评制度和标准的制定一定要从教师专业成长的角度出发，最好为教师建立成长档案，帮助教师全面了解自己，进而准确把握自己的成长阶段和发展方向。

需要提及的一点是，很多在职教师对于继续教育都持有一种"无所谓"的态度，他们认为培训的内容大多"学非所需"，并不能让自己提高教学技术水平，故不想浪费时间和精力在专业培训上。

其实，教师可以选择一些"订单式"培训，这种培训的宗旨就是让教师有自己选择学习内容的自由，也就是说，教师是专业培训的主人，培训内容能让教师真正实现"学有所用"。"订单式"培训以教师的个性特点为依据，强调理论与实践相结合，以形成教师个性化的教学风格为最终目标，并且这种培训还有后续、长期的指导和实践。

在对教师进行专业培训时还需要关注一种客观情况，即教师作为个体具有鲜明的个体差异性。现代英语教学要求教师要形成自己的个性化教学风格，具有特色意识，避免使用单一模式、公式化的教学方法，这要求高校在对教师进行专业培训时区别对待。也就是说，教师专业培训需要针对不同年龄、水平、特长的教师制订不同的培训项目、标准和进度。现代教师发展的核心不是对教师优劣情况的筛选，而是在承认个体差异性的基础上帮助教师全面认识自己，扬长避短，最大限度地发挥自身优势，从而在实现自己人生价值方面达到最优化。

3. 培训目标

校本专业培训的具体目标涉及以下几个层面。

（1）强化教师个体的自主意识。作为学习者的榜样和生活中的引领者，教师本人也需要在具体的工作和生活中持续改进并更新自己，有意识地强化其个体的自主意识，不断更新自身的知识结构，把握专业发展的前沿动态，接触最新的专业理论知识，并将所学适时运用到具体的教学中，为课堂教学注入活力和新鲜元素。教师应强化并提升其个人素养。事实上，教师个体自主意识的提升并非一朝一夕的事情，是一个具体的过程，要求个体有很强的自制力，并对个人的未来发展前景有明确、清晰的规划，在此之后才能一步步按照规划执行。当然，这要求教师克服心理依赖性和懒惰性，真正地为学习者起到示范性作用。

（2）合理利用外部资源。英语教师要想实现更好的发展，还应合理地利用外部资源，并借助外部资源来提升自身的能力和素质。首先，教师可以利用网络公开课和现代化的网络资源等来提升自身的专业知识。其次，教师可以参加同行间的学术交流活动，以此来提升专业素养。这些都是教师在传授知识过程中不断补充自身的专业知识，更新自己的教育教学理论，达到"教学相长"这一目的的过程。

八、教师文化能力培训

（一）培训的目的与内容

要想成为一名合格的英语教师，必须具备较强的知识与能力以及良好的态度，而要达到这些标准，就应参与一些文化教学培训。分类标准不同，培训的类型与内容也有所不同，一般分为岗前培训与在岗培训、教学方法培训与教材运用方法培训、长期培训与短期培训等。对教师开展培训，应该具有系统性并定期进行，不可能仅通过一次或几次培训就达到目的。

因此，要将文化教学作为考量因素，为教师制订一个文化教学培训的框架，且能够用于各种不同的教师培训系统中，为教师的文化教学培训提供一定参考。

总体来说，教师的文化教学培训主要有以下 2 种。

1. 文化能力培训

个人文化能力包含三个层面：文化知识、文化意识、文化行为。因此，其目的可以总结为以下几点。

(1)帮助教师补充文化知识，让教师真正掌握如下能力。

其一，对语言、文化、交际三者的关系有所理解和把握。

其二，对本土文化与目的语文化的差异性有清晰的认知。

其三，对文化、跨文化意识、跨文化交际、跨文化能力等相关概念有准确的理解和把握。

其四，对英语在国际上的地位和作用有清晰的认识。

（2）帮助教师提高文化意识和跨文化敏感性，让教师真正掌握如下能力。

其一，教师认识到文化在个人、社会所起的重要作用，尤其认识到文化对跨文化交际的作用。

其二，教师愿意对不同文化进行了解，并愿意同不同文化背景下的人们展开交流。

其三，教师能够捕捉、欣赏和理解文化差异。

其四，教师能够对自己的言行、跨文化交际经历等进行反思。

其五，教师对自己的跨文化敏感性发展情况进行分析与汇总。

其六，教师能够发挥出文化教学的功能，并有意识、有计划地开展跨文化英语教学。

(3) 帮助教师调整自己的文化行为，提高跨文化交际能力，让教师真正掌握如下能力。

其一，根据不同文化，对自己的交际方式进行调整，并采用多种策略、多种手段来进行交际。

其二，教师能够与不同文化背景的人建立友好平等关系。

其三，教师勇于参与文化研究与学习，对新的文化群体展开分析和了解。

2. 文化教学培训

对教师开展文化教学培训，其主要目标如下。

(1) 对文化教学的目标予以确定。

(2) 对文化教学大纲进行设计。

(3) 对文化教学方法进行选择并有效使用。

(4) 合理分析和利用教材，并结合教材添加一些辅助材料。

(5) 布置文化学习的任务。

(6) 对文化学习的评价方法进行确定。

在跨文化外语教学中，文化教学与外语教学紧密结合，所以高校在对英语教师进行文化教学培训时，应将二者结合起来。如果用独立的方式来处理，那么就与跨文化外语教学的宗旨相违背。

(二) 培训的方法

1. 文化意识和文化教学意识的培训方法

文化、文化差异以及外语教学的文化教学潜力是客观存在的，最主要的是让教师意识到它们的存在，即要提高教师的文化敏感性和文化教学意识。基于此，教师的文化知识积累、文化能力和文化教学能力才会突飞猛进。所以，文化教学培训的一个本质特点是"使隐含的东西明确化"。

教师在参与培训时，原本都有丰富的文化体验，并且他们的文化参考框架经过长期、不断的建构和修改，已成为个人身份和个性的一个象征。在日常工作和生活中，这些教师在与他人进行交流时，会自动地、无意识地使用其文化参考框架。为了使教师意识到文化参考框架的存在和作用，以及来自不同文化环境的人们通常使用不同的文化参考框架的事实，最有效的做法是利用文化碰撞、关键事件和反思练习等跨文化培训方法。

2. 文化知识的培训方法

文化人类学全面且系统地阐述了文化概念与知识的学习，不管是在文化理论研究、具体文化的描述上，还是在文化研究的方法上均形成了较为完善的体系，是外语教师获取相关文化知识的可靠来源。因此，它理应成为外语教师培训的一门必修课。外语教师学习文化人类学时，只需利用文化人类学的部分研究成果，以获取对文化相关概念更清楚的理解，对相关文化群体更全面、深入的了解，同时借鉴其中的一些文化研究和探索的方法。

文化培训中，应该由来自不同领域的专家，如外语教学研究者、文化学家、跨文化交际研究者、教师培训专家等，共同完成对文化人类学研究成果的筛选和选用工作，选择那些教师需要掌握的理论和信息，作为培训的内容。

另外，社会学和跨文化交际学的研究成果同样是教师培训应该关注的内容。这两门学科清晰地描述了语言、文化、社会和交际之间复杂的关系。

对于即将从师范院校毕业的准教师来说，最佳状况是在高年级开设专门的文化学、社会学和跨文化交际学课程。但对从非师范院校毕业却选择成为外语教师的准教师而言，只能依靠教师培训工作者精心挑选和准备培训内容，以系列讲座的形式传授给自己，因为教师培训工作者无法抽出很多时间专门教授这些科目的内容。

3. 文化能力的培训方法

文化能力的培训不仅涉及教师的认知心理，还包括教师的行为、教师的情感等。相对而言，对教师进行文化能力的培训是相对复杂的，文化能力培训主要包含以下2种。

(1)跨文化交际能力的培训方法。

跨文化交际能力培训始于文化碰撞，目的是让教师通过情感、心理层面的碰撞，对文化冲突有清晰的了解以及感性层面的认识。培训者先向教师介绍跨文化交际的困难，然后帮助教师解决这些困难。具体来说，有以下四种方法。

其一，为教师提供跨文化交际实践的机会，如到外国人家做客、到外企见习等。

其二，可以通过观察跨文化交际的成败案例，来汲取经验，避免进入交际误区。

其三，可以通过讲座等活动，让教师不断了解跨文化的本质，弄清文化碰撞为何会产生，进而调整自身的心态。

其四，可以让所有教师分享自身的跨文化经历。

在整个培训过程中，培训者应该反复强调反思的重要性，受训者正是通过不断学习、不断体会、不断反思才能有效地增强自己的跨文化意识和跨文化交际能力。

（2）文化学习和探索能力的培训方法。

文化学习和探索能力培养，有助于受训教师掌握一套文化学习的方法，使他们对遇到的新的文化现象和文化群体进行探索研究。

文化学习与探索能力首先是基于勇敢、敏感等情感状态的，如果对文化缺乏敏感性，忽视文化差异，那么将会造成文化学习上的障碍。

面对陌生的文化环境，很多人都会选择逃避和退缩，但是善于学习和探索的人会勇敢地尝试和体验，积极参加各种有利于自己了解该文化群体的活动。与不同文化背景的人相处时，具备宽容和移情两种素质，就能有效地避免误解和冲突的发生，文化学习和探索才能顺利完成。

九、实施教学反思

曾子说："吾日三省吾身。"教师也需要不断反思。通过反思，教师可以获得更丰富的经验，及时发现教学中的问题，使自身的素质逐步提升到新的高度。教师反思的方式有很多，具体如下。

（一）教学日志

在教学结束之后，教师可以将自己对所教的内容、方法等的感受记录下来。教师记录教学日志的过程就是对自己教学思考的过程，同时教学日志可以作为教师日后进行教学反思的材料。

具体而言，教师教学日志的记录应从以下几个方面来展开。

（1）对教学过程中问题的质询和观察。

（2）对课堂过程中所发生事情的感受。

（3）对教学活动的有意义方面所进行的描述。

（4）需要思考的问题以及解决问题的办法。

记录教学日志的频率可以因人而异，如可以一天写一次，也可以一周写一次，还可以一个月写一次。需要注意的是，教师应坚持记录日志，只有这样才能根据日志来发现自己的教学规律以及组织教学的习惯与方法。

(二) 录音录像

如今，现代科学技术在各个领域都得到了广泛运用，教育领域也是如此。教师可以充分发挥现代科技的优势，在技术人员的帮助下，通过录音与录像的方式来对自己的教学过程进行完整的记录。在教学过程的摄制中，教师可以指定课堂教学的某一方面让技术人员进行重点记录，如可以注重学生对教师问题的回答，可以注重教师的教学活动组织，可以注重小组活动时某一小组的表现等。

在课堂教学结束之后，教师可以反复播放课堂教学的录音与录像，从而对教学进行反思与反复研究，发现自己的问题与不足，发现自己组织课堂的精彩之处，发现学生在学习过程中的优缺点等。与此同时，教师可以将其中的一个片段截取下来进行详细分析，分析的内容包括教师语言的特点、教师肢体语言的使用、师生之间的互动语言等，放大教学中的一些细节，这样可以进行更为细致的研究。

(三) 调查问卷

教师可以采取调查问卷的形式来反思教学。教师的调查问卷可以就教师自己或同事对教学的认识与看法以及学生的学习兴趣、学习态度、学习方法等情况来展开。教师可以参考其他相关书籍中的调查问题或问卷，也可以自己设计一些调查问题。

(四) 行动研究

行动研究是反思性英语教师专业发展的一个非常重要的方法。在英语教学中，专业化的发展要求教师应该成为行动的研究者。英语教师要针对一些实际问题改变教学方法，在解决问题的过程中进行自我监控与自我评价，通过评价使原先对问题的理解得到修正与改进。

(五) 个案分析

个案分析是反思性英语教师专业发展的有效途径。教师可以通过讲课竞赛、教学竞赛、优秀教师示范、听公开课等手段展开个案分析，汲取其他教师教学中的精华，补充自己教学中的缺点，充实自己的教学，从而促进自身教学的长足发展。

(六) 微格教学

所谓微格教学，是指教师运用摄像机，将自己选择作为反思对象的某个教学方面记录下来，之后以旁观者的视角来分析，发现教学中的问题，寻求这些问题的解决方案。

微格教学使教师能够对自己教学中的行为有清晰的了解，同时与他人进行探讨。当然，教师可以根据自身反思的问题，录下其他教师的教学片段，通过观察其他教师的做法，找到解决问题的灵感，反思自己的教学。

(七) 学生反馈

学生反馈是从学生身上获取信息，将这些信息作为调控教学的依据，不仅可以了解学生的学习状况，还能够了解自身的教学优缺点。在英语教学中，教师获取学生反馈信息的有效途径是学生评教、师生座谈、测试成绩、调查问卷等。通过学生的反馈信息，教师反思自己的角色与教学方法。

另外，通过反馈信息，教师可以分析相关数据，获取更明确的、更多的信息。可见，在英语教学中，学生反馈是英语教师专业发展的一个有效途径，可以大大促进教师的自我提高，对课堂进行优化，使师生之间关系更加融洽，推动学生的自主学习以及教师的专业素质发展。

(八) 专家听课

要促进英语教师的专业素质发展，学校可以聘请有丰富经验的教师进行督导，或者邀请业务过硬的专家听课，并让他们进行指导，对教师的教学进行客观的评价，帮助教师提高反思能力。

第七章　大学英语教学中跨文化交际
能力的培养

在社会交往中，语言得体性往往比语法正确性更重要，而目前的大学英语教学中语言教学占绝对优势，文化教学处于边缘化状态。大学英语教学应重视文化教学，将文化教学寓于语言教学中，提高学生对文化差异的敏感性、宽容性及灵活性，培养大学生的跨文化交际能力。因此，本章将重点阐述大学生英语教学中跨文化交际能力的培养。

第一节　跨文化人与跨文化交际能力

跨文化人具备跨文化交际能力，随着全球化的扩展，英语成为一门全球通用语，很多学者提出跨文化交际能力的概念。它指来自不同文化背景的人相互交际时，在同一语境中，对交际行为和交际信号的文化差异的识别能力和文化干扰的排除能力，解决的是同一语境中不同文化之间交际规则的碰撞和冲突问题。大学英语教学的目标已经从语言能力扩展到交际能力，又扩展到跨文化交际能力，跨文化交际能力已成为英语学习者成功交际的必备能力。

跨文化交际能力的界定包括文化知识、文化技能和文化态度三个层面，有学者把"文化意识"看作跨文化交际能力的重要内容，也有学者甚至认为文化意识是核心部分，是其他维度的出发点。综合来说，跨文化交际能力包括文化知识、文化技能、文化态度和文化意识，它不仅仅指技能和知识，还包括情感和态度；不仅包括母语文化和目的语文化的知识、技能、态度，还包括对一般性文化现象、特点以及它们之间关系的理解。

跨文化交际能力的形成是一个动态的过程，而不是静态的结果，即跨文化交际能力没有终点，个体不可能完全获得跨文化交际能力，个体在跨文化交际中经历对话、冲突和沟通，通过认知、行为和情感的理解，不断面对新的挑战，解决新的问题，从中逐渐获得跨文化交际能力。

大学英语教学中培养学生的跨文化能力，应涵盖较为广泛的内容，如一般性文化知识（文化的定义、特征、内容，语言和文化的关系，文化休克现象和文化适应的策略）；特定文化知识（目的语文化和本族文化中"大写的 C"文化、目的语文化和本族文化中"小写的 c"文化）；跨文化技能知识（文化适应的能力、文化学习的能力、比较和关联本族文化和目的语文化的能力）；跨文化态度（对不同文化的正面态度、对文化差异的文化相对主义态度、对目的语文化的正面态度、对本族文化的客观态度）。

国外研究中，跨文化交际能力强调的是对文化的深刻洞察和对不同文化的积极态度，既包括交际能力，又不局限于交际能力，是一种新的视野。国内学者认为跨文化交际能力是由语言能力、非语言能力、跨文化理解能力和跨文化适应能力等方面构成的综合能力，是在基本的有效交际能力之外，加上情感和关系能力、情节能力和策略能力。我国学者用"道"与"器"来形容跨文化交际能力的外在表现和内在能力的关系，强调"道"的重要性。❶

英国学者布莱恩（Byram）研究外语学习和文化交流如何影响学习者对目的语文化和目的语国家、人民的态度，表明虽然外语学习与形成对目的语文化的正面态度呈正向关系，但外语学习和直接的文化交流并不能自动导致文化理解。学习者只会增加一些文化信息，而不会产生态度的改变，相反，还可能加深原来的定式，因为他们没有进入目的语文化去思考和理解目的语文化，而是以自己的文化观念为标准去衡量目的语文化。因此，获得新的视野是形成对不同文化正面态度的前提，也是培养跨文化交际能力的必要条件，这种新视野的确立使文化学习的目标由记忆特定文化的文化事实转变为培养跨文化交际能力和文化学习的能力。目前的研究都把培养跨文化交际能力看作文化教学的目标，强调培养"文化意识"和"对不同文化的正面态度"，指出获得一种新的文化视野是文化教学目标的核心，并从三个方面来体现学生的跨文化交际能力：学生应该具备的理论/思维能力、人际交往能力即交际能力、跨文化交际的技巧。

---

❶ 高一虹. 语言文化差异的认识与超越[M]. 北京：外语教学与研究出版社，2000：188.

第二节　跨文化人的文化身份

影响第二语言学习有两个重要因素，即"社会距离"和"心理距离"。其中"心理距离"的影响指的是第二语言学习受个体在学习第二语言过程中的感受所影响，包括：

（1）语言冲击（language shock），当个体学习者面对新单词和表达时如何反应（例如，学习者学习和运用第二语言时感到压抑、慌张、不自然、困惑、窘迫）以及学习者如何应对这样的感受。

（2）文化冲击（culture shock），当学习者发现他的解决问题和应对机制在新文化中不再起作用时就出现文化冲击。这种状况导致困惑、压力、害怕和焦虑（例如，学习者担心本族人会讥讽、嘲笑、排斥他），这种精神状态会引发一种"拒绝综合征"，从而转移二语学习的注意力和精力，学习者在试图找到导致困惑的原因时可能会拒绝他自己、目的语国家的人民，甚至他自己的文化。

（3）一些人拥有的"部分和暂时放弃身份"的"分离能力"，这使他们成为第二语言的有效学习者（例如，学习者是否有自我中心的倾向）。

影响第二语言学习的"部分和暂时放弃身份"的"分离能力"就是强调学习者在学习一门新语言的同时也在适应新的文化情境中的生活，即学习者在新文化背景下学习一门新语言过程中的身份建构。❶ 大学英语的学习过程是学生明晰自我的文化身份以及文化身份的建构的过程，同时文化身份的建构对大学英语的学习具有促进作用。摆脱"文化边缘人"状态，克服大学英语学习中的文化障碍，有必要进行文化身份的建构。

文化身份的建构离不开他者，但是在区分群内人和群外人，在对事件、人和事物进行分类时的偏见、定式和民族中心主义使我们对"他者"产生误读。文化身份的建构也离不开主体，但是主体文化的贫乏会导致对主体文化认知的边缘化。因为文化、语言、交际和身份紧密联系，大学英语教学十分有利于大学生文化身份的建构。大学英语教学中对深层文化的忽视、对文化的历史与关联的忽视以及文化的定式与偏见、民族中心主义等文化的深

---

❶ Holliday Adrian, Martin Hyde, John Kullman. *Intercultural Communication：an Advanced Resource Book*［M］. London & New York. Routledge, 2004：81.

层障碍的影响，造成大学生文化身份的困境，使大学生的文化身份非但未能达成跨文化人，反而使学生在目的语文化和母语文化间无所适从，处于"文化边缘人"的状态。

一、文化身份的概念

身份是指在特定社会、地理、文化和政治背景中一个人的自我概念，是抽象的、复杂的、多层面的、流动的、无定形的。❶ 它是一个人或群体的由他们和/或他人所定义的"他们是谁"的意识。身份被视为一群人所持有的东西，而且相应地将群体结合在一起。❷ 它与我们是谁、我们属于哪儿、谁是群内人和谁被排斥在外有关。身份是一个理解自我和外部世界的框架，人们通过分类进入社会群体并认同特定的角色，我们从家庭、工作以及加入的群体中获得身份，例如丈夫、妻子、教师、学生等。简单地说，身份就是如何理解"我们是谁"。身份影响人的行为，我们根据不同的背景，例如我们在哪儿，我们和谁在一起，我们想达成什么目的来选择身份。人们可以依据性别、种族、宗教、国籍等来划分身份类别，一个人可以有多重身份：职业身份、性别身份、年龄身份、种族身份、国民身份、宗教身份等。

文化身份是在特定文化的成员学习和接受传统、语言、宗教、祖先、美学、思维模式的社会建构中形成的，即人们内化了文化的信仰、价值观、准则和社会实践。文化身份是对某个有共同符号意义系统、遵守相同行为规范的文化群体的认同，并得到这个文化群体的接受。❸ 一般来说，文化身份是某一文化群体成员对其成员身份及文化归属的认同感，包括自我认同和外部认同。文化身份表明"我是谁"，并通过群体成员的所言、所行、所思、所想表现出来。个人在成长过程中将所处环境的文化价值观纳入自己的世界观，通过父母的指导获得其文化群体的身份。影响文化身份的建构的因素包括外貌、种族、肤色、语言、教育、大众传媒、同龄人、制度政策和自我评价等。具有一种文化身份的人应该能自如地使用该群体所共有的符号意义系统，并遵守群体的行为规范。从宏观角度看，文化身份包括国民身份和种族身份。从微观角度看，它包括在主流文化群体下根据不同地域、职业、性别、年龄、收入和教育划分的不同的文化身份。按照这种定义，

---

❶ Cupach W R, Imahori T T. Identity Management Theory: Communication Competence in International Episodes and Relationships[J]. *International and Intercultural Communication Annual*, 1993(17): 112 – 131.

❷ Hecht M L, A Research Odyssey: Toward the Development of a Communication Theory of Identity[J]. *Communication Monographs*, 1993, 60(1): 76 – 82.

❸ Collier M J, Thomas M. Cultural Identity: An Interpretive Perspective[A]. In Y Y Kim, W B Gudykunst (Eds.), *Theories in Intercultural Communication*[C], 1988: 99 – 120.

文化身份表征了共同的历史经验和共有的文化形态，它可以为一个民族提供稳定、连续的意义框架。

文化身份的发展经历三个阶段：未察知的文化身份、文化身份追寻、文化身份的获得。在未察知的文化身份阶段，一个人视文化身份为想当然，没有探寻文化问题的兴趣。文化身份追寻阶段是为了更多地学习自己的文化和理解文化成员而探寻和质疑一个人的文化身份的过程。通过探寻文化身份，个体能学习其文化的优势，并接受该文化和自己。这一阶段社会和政治意识增加，同时有更强烈的欲望去学习自己的文化，这一阶段还有不同程度的情感成分，包括紧张、气愤甚至针对其他群体的暴力行为。文化身份获得阶段标志着清楚地、自信地接受自我和对文化身份的内化，并能面对定式和偏见，不会将他人的负面感受内化并清楚其文化的意义。

因为文化身份影响广泛并且与自我概念的不同侧面相联系，对很多人来说，生活在另一个文化中或者与来自不同文化的人互动，会触发他们对自己文化身份的意识，而在此之前也许他们并未意识到自己的文化身份。文化身份也是动态的，文化身份——你对自己所属的文化的感觉和根据这个文化的成员资格定义自己是谁——存在于不断变化的社会背景中。因此，文化身份不是固定的、持久的，而是动态的，随不断前进的生活经历而变化，随着时间的流逝，能适应不同的跨文化挑战，文化身份可能会变得与以前很不一样。很多人以为一个人只能或者只应该归属一个文化群体，但很多人的身份并不只属于一种单一的、固定的类别，而是结合了其他身份。❶ 在这样一个多元文化的世界，来自不同文化的人们共存，文化身份的多面性特点变得更为重要。❷ 我们可以是很多群体的成员，例如说某一种语言的人、某一座城市的市民、某一政治组织的成员等。我们是谁，我们如何与他者不同并显现出来，这些都有赖于我们和谁在一起，文化身份对于我们和他者、交谈的话题以及我们的阐释都很重要。❸ 文化身份影响跨文化交际，因为交际的困难程度通常取决于交际双方的文化身份，如果双方的符号意义系统和行为规范差异很大，交际难度就很大。反之，如果双方的符号意义系统和行为规范比较接近，则交际难度就很低。

---

❶ Kim Y Y. Identity Development: From Cultural to Intercultural[A]. Mokros, Hartmut B(Ed.). *Interaction and Identity* [C]. New Brunswick, NJ: Transaction, 1996: 350.

❷ Lustig Myron W, Koester Jolene. *Intercultural Competence: Interpersonal Communication Across Cultures*[M]. Shanghai: Shanghai Foreign Language Education Press, 2007: 137 – 142.

❸ Samovar, Larry A, Porter, Richard E. *Intercultural Communication: A Reader* [C]. Shanghai: Shanghai Foreign Language Education Press, 2007: 422.

二、文化身份与跨文化交际

文化身份对跨文化交际的意义在于，来自不同种族和文化背景的人进行交际时，他们的文化差异以及历史、经济的差距容易导致定式、偏见、民族中心主义这些影响跨文化交际的严重问题。当来自不同文化的人进行交际时，由于一个人的文化身份会影响人与人之间的关系和对个体行为的期望，如果一个人按照一种方式理解自己，而对方则按照另一种方式去理解他，就会产生交际问题。因为大多数人都倾向于认为他者用与自己一样的方式观察、评估以及分析世界，也就是说，人们都假定与自己交际的他者同自己相似，实际上，人们常常用他们自己个人的经验去理解和评估他者，这容易导致民族中心主义。当和陌生人交际时，我们喜欢将他们的行为解释为他们的性格，然后将性格看作是其文化的典型特征，即我们喜欢按照我们的定式观念去阐释陌生人的行为。为了有效地和其他人交际，我们必须关注他们的独特个人特色，这需要我们将特定的个体从定式的分类中区分出来。我们在处理信息时简单地将一些特点归属于特定的人群，常常将一些特殊的事件、人、事物甚至一次经历假定为事件、人或事物的典型特征，这种假设常常是不正确的。这样处理导致过度简化，而将以前的经历当作决定事件属性的基础，则会导致定式。

三、文化身份的建构

伴随着西方文化的扩张，欧美民族中心主义和文化殖民主义对大学生的文化身份形成极大的挑战。一位大学生在网上转载的留言反映了很多人的困惑："除了大熊猫，还有什么代表中国？""除了黄色的皮肤、黑色的头发和眼睛，我们还有什么中国人的标识？"面对强势的西方文化的挑战，文化身份其实一直困扰着大学生："中国人的特性是什么？中国人应该是什么样子的？我们到底是谁？"

全球化加速了全球文化的同质化，"历史终结论"就是对文化趋同现象的一种夸大的表述，随着都市化、新移民、工作流动性、网络文化的繁荣，全球化导致人类身份的复杂化，使身份变得模糊。跨国公司使资本运作跨越国界，对所在国家的文化也是一种冲击。改革开放之后，我国社会结构呈现多元化，个人选择出现多样化，国家实力不断增强，同时随着全球化浪潮，现代交通、通信技术、跨国公司的扩展使中国和世界联系得更加紧密。西方的价值观、生活方式大规模地进入中国人的生活，中国大学生不得不思考自己的文化身份。今天中国在经历大国崛起之时，中国大学生更需要重新找回"我们是谁"。

我们需要"他者"才能建构自己的文化身份，回答"我们是谁"。但是在大学英语教学中，我们却对"他者"——主要指目的语文化存在明显的误读。赛义德曾批评过东方学家对东方的误读，他认为东方学家虚构了一个"东方"，但反过来看，东方人自己也虚构了一个"西方"，即东方人眼中的他者——西方，这来自对目的语文化的深层结构的忽视、对文化的历史与关联的忽视、对目的语文化的定式与偏见。同时我们自己也预先虚构了一个"他者"——目的语文化，而这种预先设定的"他者"是基于我们的定式和偏见，所以这种虚构并不合理，而且其中存在误读。

文化身份的研究中，主体是重要的范畴。任何时代、个体、群体、民族、国家都在建构着主体和主体身份，在追问我/我们是谁，我/我们与他者有何不同。但是自近代开始，中国人就已经离自己的古老文明渐行渐远，1935 年，何炳松等十位教授在《中国本位的文化建设宣言》中说"中国在文化的领域中是消失了；中国政治形态、社会的组织和思想的内容与形式，已经失去它的特征，由这没有特征的政治、社会和思想所化育的人民，也渐渐地不能算得中国人"❶。中华民族的文化主体性早已动摇，文化身份处于十分脆弱的状态。

不少学者认为母语的重要性不仅在于培养读写能力，而且是学生发展和培养母语文化和身份的方式，但是在大学英语教学中对母语文化的忽视和漠视使目前大学英语教学中主体的建构面临重重压力，使我们对主体文化的认知处于边缘化状态，结果在大学生文化身份的建构中出现了问题。作为主体的人对自我的角色定位源于与他者的比较，发展自己，强大自我是主体的目标。因为一个弱势的主体，不但不能把握自己，而且很难与其他主体进行成功的交际，即便被迫参与了交际也会被他者所左右。大学生文化身份的建构中需要克服全球化的挑战，正确对待他者并理解自我主体。

培养自我意识是为了能够真正理解我们自己的文化和交际模式，从而提高跨文化交际能力。我们每一个人都是我们文化背景的产物❷，包括性别、种族、家庭、年龄、宗教、职业和其他生活经历。我们的文化为我们提供了洞察力，使我们能够理解自己的信仰、态度和价值观，让我们能批判性地思考自己文化身份的不同方面并观察文化身份对我们个人发展的正面和负面影响。增强对自我文化的意识，再加上对其他不同文化的了解，有助于个人理解自己的文化身份，也能帮助一个人在任何文化背景中都做出最适当的行为，使个

---

❶ 殷海光. 中华文化的展望[M]. 上海：上海三联书店，2002：385.
❷ [德]洪堡特. 论人类语言结构的差异及其对人类精神发展的影响[M]. 姚小平，译. 北京：商务印书馆，1997：201.

体能控制自己的情绪并创造良好印象，使个体学会从一种文化背景转入另一种文化背景时如何修正自己的行为。

在大学英语教学中，培养大学生的文化自我意识即文化自觉，主要强调的是对母语和母语文化的尊重。语言是国家的灵魂，我们可以通过语言分析发现民族性。❶ 民族逐步地使其语言获得了一种独一无二的色彩和情调，而语言则把它所获得的这类特征固定下来，并以此对该民族产生反作用。所以，我们从每一种语言都可以推知与它相关联的民族性。❷倘若忽略了语言与民族精神力量之间形成的联系，比较语言研究便会丧失所有重大意义。不仅如此，对一个民族的真实本性和对一种具体语言的内在联系的认识，以及对具体语言与一般语言需求的关系的认识，也都完全取决于对整个精神特性的考察。语言的所有最为纤细的根茎生长在民族精神力量之中，民族精神对语言的影响越恰当，语言的发展就越合乎规律，越丰富多彩。一个民族的精神特性和语言形成这两个方面的关系极为密切，不论我们从哪个方面入手，都可以从中推导出另一方面。这是因为，智能的形式和语言的形式必须相互适合。语言仿佛是民族精神的外在表现；民族的语言即民族的精神，民族的精神即民族的语言，两者的统一程度超出了人们的任何想象。❸

母语和母语文化对学生的跨文化交际十分重要，因为跨文化交际本身是一种双向交流，文化输出和文化输入具有同等地位，没有文化输出则跨文化交际就变成了单方面的文化引进。加强大学生母语文化的英语表达，使他们学会表达自我，从而在跨文化交际中处于较为有利的地位，同时输出中华文化，获得中华文化的话语权。目前，英语已经是全球通用语，除去生活在英语为官方语言的国家的人口，全球超过 10 亿人将英语作为第二语言或外语来使用，英语成为国际交往中具有支配地位的全球语言。❹ 全世界 70% 以上的科学家阅读英语，全世界 85% 的邮件用英语书写，全球电子文献检索系统中 90% 的信息用英语存储。因此，在教学中我们应该重视母语文化并将其英译，熟悉其英语表达，学会用英语介绍中华文化。在和西方世界保持接触，进行交流过程中，把中华文化中好的东西讲清楚，使其变成世界性的东西。

---

❶ Humboldt, Wilhelm von. On the National Character of Languages [A]. In T. Harden and D. Farrelly (Eds.) [C]. Frankfurt：Peter Lang, 1997：52 – 68.

❷ ［德］洪堡特. 论人类语言结构的差异及其对人类精神发展的影响［M］. 姚小平，译. 北京：商务印书馆，1997：201.

❸ ［德］洪堡特. 论人类语言结构的差异及其对人类精神发展的影响［M］. 姚小平，译. 北京：商务印书馆，1997：16，50.

❹ Crystal D. *English as a Global Language*［M］. Cambridge：CUP, 1997.

母语文化在大学英语教学中主要具有两方面作用：

(1)将母语文化与目的语文化进行对比，能更加深刻地揭示出目的语文化的特征，从而加深对母语文化和目的语文化本质特征的理解；

(2)调整学生的民族中心主义观念，培养学生对目的语文化的积极态度，提升学生英语学习的积极性。

大学英语教学中的首要任务是提高学生的英语水平，培养学生的语言能力，但因为语言和文化密不可分，学生想要真正学好英语，必然要求强化对目的语文化的学习。学生要想真正深刻理解目的语文化，首先必须了解母语文化的传统及现状。中国的开放所要求的不仅是将外国文化介绍到中国，同时也要将中华文化传播到世界，这既是大学英语教育中文化教学的目的之一，也是大学英语作为文化素质教育的重要组成部分。

培养学生的自我意识即文化自觉，使学生客观地评价中国和西方文化的异同，使其意识到母语文化和目的语文化之间既不是简单的认同，也不是彻底的疏离，而是辩证的统一。文化自觉是一个艰巨的过程，首先要认识自己的文化，理解所接触到的多种文化，才能在这个已经形成的多元文化的世界里确定自己的位置。经过自主的适应，和其他文化一起，取长补短，建立一个共同认可的基本秩序和一套各种文化能和平共处、各有所长、联手发展的共处守则。学生要学会以理解和宽容的态度对待母语文化和目的语文化，一种文化如果缺乏凝聚力，在世界多元文化状态中处于消极保守的状态，不及时吸取异文化的优点，最终将失去发展的机会，很可能会被同化。一种文化只有努力保持自身的凝聚力，同时吸收异文化的精华，才能使自身得以提升。对处于全球化背景下的中华文化来说，文化自觉、文化知识和跨文化交际能力有助于大学生从不同的视角去认识、观察世界，从而更深刻地理解自我，学会融合母语文化和目的语文化中的不同思维方式和价值观念。

很好地理解自身文化的唯一途径是先理解另一种文化，外语学习者在学习目的语文化时会加深和强化自己的文化。大学英语的学习过程并不是抛弃母语的过程，实际上正是与异文化的接触，才让人意识到自己的文化以及自己的文化身份。如果没有文化他者的存在，自己的母语文化传统就只是一种未经比较和反思的智慧，如果存在一个他者，也就是提供了一个参照系，在与参照系的比照中可以重新认识自己以及文化传统。因此，在大学英语学习过程中学生更能意识到中华文化传统，更能意识到自己的文化身份，更好地认识自我，理解主体。

四、文化身份的作用

文化身份对跨文化交际是十分重要的，因为语言与身份密不可分，除交际功能外，一个人所说的语言和他作为这一语言使用者的身份是不可分割的。语言使用中的一个简单特点就足够识别一个人在特定群体中的成员资格，每一种文化都有其特定的历史、价值观、习俗、信仰、表达方式等，语言成为与他人共享的编码并且与文化紧密相连，语言知识是一个人文化传统的一部分。一个人作为一个文化群体成员的身份有很大一部分来自他能说这个群体的语言。没有比语言更为紧密或敏感的身份指征了❶，洪堡特曾指出"每当一个人听到母语的声音，就好像感觉到了他自身的存在"❷。人们如何定义自己以及看待这个世界是与他们所说的语言紧密联系在一起的。

交际与身份也紧密相连，人们通过和同一群体的其他人交际，将自己视为一个社会组织的成员，获得共同的看待世界的方法。交际实践是构建身份的重要方式，一切交际都可以看作将我们分为不同群体中的成员的交际。

语言与交际关系密切，学习语言即是为了交际，语言与文化又密不可分，所以文化与交际紧密相连。文化是交际的基础，文化离不开人类的参与，只要有人类的参与就有交际。文化是一个看不见的老师，却决定了我们的交际模式，我们在文化中学会如何交际，文化教会我们如何交际。交际亦影响文化的结构，交际反映并传播文化，文化告诉我们应该如何说话和行为，而这些都在我们的交际模式中得到展现。除非我们充分了解所使用语言的文化背景，否则，我们无法真正获取语言中的信息。

我们通过学生与来自不同文化背景的人交际，不仅发现学生的英语水平高低，还可以从中观察影响学生语言水平的文化因素，另外，从学生与他者的交际中，可以看出学生的文化身份的建构和认同，以及文化身份建构和认同面临的挑战。大学英语教学中有必要进行大学生文化身份建构，那么建构的关键是什么呢？是"他者"与"主体"。

我们通过与他人的联系认识自我、定义自己，通过与其他文化的对抗，人们感到自己同属于一种文化，因此必须有"他者"，人们才能给自己定身份。任何文化都在与其他文化的联系中，或是在其他文化的对立面来定义自己，通过揭示与其他文化的差异，我们才能感到我们属于哪一种文化。身份的"主体"（自我）的独立离不开"他者"，"主体"（自我）既

---

❶ Crystal D. *English as a Global Language*[M]. Cambridge：CUP, 1997：ix.

❷ 姚小平，洪堡特. 人文研究和语言研究[M]. 北京：外语教学与研究出版社，1995：144.

要得到"他者"的承认，又要在与"他者"的对抗中，满足被"他者"承认的愿望。文化身份的建构离不开"他者"，这里的"他者"是相对于"自我"的一个参照物，实际上，文化之所以要进行认同，是因为有"他者"存在，担心被"他者"同化而失去自我，如果没有了"他者"，也就没有了自我确认的意义和必要性。

一个人或民族通过与"他者"的区分来确定自己的身份认同，每一种文化的发展和维持都需要一种与其相异质并且与其相竞争的另一个自我的存在。"自我身份的建构——身份，不管是东方的还是西方的，法国的还是英国的，不仅显然是独特的集体经验之汇集，而且最终都是一种建构——牵涉到与自己相反的'他者'身份的建构，而且总是牵涉到对与'我们'不同的特质的不断阐释和再阐释。每一个时代和社会都重新创造自己的'他者'"❶，所以"他者"在文化身份建构中是一个重要标准，文化身份的认同首先指认同文化的内部特征，即"主体"应该表现出的独特特征。从这一角度看，为了更好地认识"自我"，需要一种"非我"的标准，在与非我进行区分时，也就凸显出"我"来。从这一角度看，"他者"定义了非我的特征，以证明"自我"。综上所述，文化身份是相对于"他者"的建构。

正因为身份需要通过与他人的交往来实现，在大学生所处的校园和所接受的高等教育中，最容易观察大学生文化身份的方式，就是通过大学生与他人的交往，尤其是与来自不同文化背景的人、说不同语言的人交往。

他者与自我的文化差异是不同国家、民族间文化的差别，各个国家的文化都有其独特性，各个民族的语言、传统和生活方式不尽相同。根据霍夫斯泰德(Hofstede)关于文化异质性的理论，不同文化间存在差异性，即在价值观、思维方式、行为准则、习俗、信仰等方面的文化差异，霍夫斯泰德从权力距离、回避不确定性、个人主义—集体主义、阳性—阴性、长期—短期取向五个维度分析了不同文化之间的差异。可以看出学生在学习外语的过程中，由一种文化背景进入另一种文化背景时，会遇到各种完全不一样的行为和思想，由此产生文化差异并引发文化冲突，其根源在于：

(1)民族中心主义或种族优越感。认为自己的种族优于其他种族，认为自己的文化价值体系比其他文化价值体系优越。如果学生持这样的观点对待目的语国家人民和文化，就容易引发误解，导致无法正常交际。

(2)对信息的理解差异。不同国家的语言和文化背景不同，对于同一信息的理解会不尽相同。交际是人与人之间或群体之间传递信息的过程，但是由于人们对时间、空间、风

---

❶ [美]爱德华·赛义德. 东方学[M]. 王宇根，译. 北京：三联书店，1999：426.

俗习惯、价值观等认识不同，容易造成误会，甚至引发文化冲突。

（3）对文化意义符号系统的不同理解。不同的文化采用不同的符号表达不同的意义；有时尽管符号相同，但表达的意义却截然不同。

（4）民族性格、传统文化和宗教信仰的差异。传统文化是民族文化的深层积淀，它融于民族性格中，使各民族表现出不同的个性。民族的责任，个性的差异，往往构成跨文化交际的障碍。

（5）思维模式的差异。思维模式是民族文化的具体表征，如中国人偏形象思维和综合思维，而西方人偏抽象思维(逻辑思维)和分析思维等，这些常常是造成跨文化交际障碍的原因。

（6）处理问题的行为模式的差异。行为模式是民族文化的外显形式，不同民族文化造成不同的行为模式。

（7）法律意识的差异。因为对目的语国家的政治、经济和法律缺乏了解，文化敏感性差，学生往往依据自身的文化分析和判断对方的信息，从而产生文化冲突。

（8）价值观念的差异。学生在外语学习中会接触不同的文化，它们的价值观并不相同，如中西方文化价值观的差异体现在个人主义与集体主义、权力距离等方面，中国表现出集体主义、维护面子等，西方表现为自主独立、注重隐私等。

文化中判断是非的标准属正式规范，由正式规范引起的摩擦往往不易改变；文化的生活习惯和风俗等属非正式规范，由非正式规范引起的摩擦可以通过较长时间的文化交流克服；技术规范则可通过学习技术知识而获得，是最容易改变的。因此高校在大学英语教学的同时还要进行跨文化培训，促进大学生对不同文化的了解和认识，提高学生的文化适应能力。组织各种文化体验活动，让学生与不同文化背景的人士交流，增加学生跨文化合作机会，让学生实际体验跨文化交际，提高对文化差异的认知能力和应对文化冲突的策略能力，为培养更多的国际型人才提供平台。

跨文化培训的目的是使学生了解并学会尊重、包容不同文化，学会消除由文化差异引起的误会，使他们不带任何偏见地观察和发现文化差异，并理解文化差异产生的必然性，增强学生的自我文化意识即文化自觉，提高跨文化交际能力，使学生具备一定的跨文化适应能力等。高校可以通过文化熏陶等手段增加学生对异域文化的了解，打破学生的文化障碍，让学生与不同文化背景的人员交流。通过这种方式，可以使学生理解彼此的价值观，学会移情——想对方所想，体验对方的情感，理解异文化的行为习惯和思维方式，进而领悟异文化。

英国学者马丁·雅克指出，因为西方在世界占主导地位，西方并不真正需要去了解其他文化，而除西方之外的文化一直处于弱势，所以被迫去学习、理解西方。马丁·雅克特别提到中国，认为中国人对西方的了解远远胜于西方人对中国的了解。马丁·雅克的观点与很多中国人的观点一致，认为中国人或中国学生对西方、西方文化的了解远远超出西方人对中国、中华文化的理解。的确，因为西方在全球扩张中伴随其政治、经济的实力，西方的强势文化也输入其他文化中。例如，中国自近代以来就面临西方文化的挑战，现在随着全球化的扩展，西方的生活方式、思维方式、语言、意识形态等对中国人造成的影响更加不可忽视。笔者对华中科技大学本科生的调查表明，节日、服饰、食品、运动方面的生活习惯，手机、电脑、软件、网络等科技产品，交通工具，建筑，甚至专业课程中的理论、定律等各个方面都受到西方文化的强烈影响，学生对西方文化的了解和接受程度的确是惊人的。

但问题在于喝着可口可乐、过着圣诞节、打着篮球、用着 iPad 的学生真的接触到了西方文化的核心吗？相对于西方文化中的新教伦理、市场经济、议会民主，学生仍然只游离在目的语文化的表面。对学生访谈时笔者发现，学生一方面在父母的管教下选择西方文化中的自由，另一方面当面对西方文化中的责任感和独立性时，他们却选择让父母帮忙或干脆让父母做主。学生既没有学到西方文化中的独立性，也没有学到中华文化中的敬老美德，只片面强化了西方式的自由和中国式的宠爱。

在理解他者，建构自己的文化身份方面，一定要深入目的语文化的核心。例如，根据社会归属理论❶，个体一般会根据背景，即所谓的外在因素去解释他们自己的行为或群体内成员的行为，但是会用个体的性格原因，即所谓的内在因素去解释外群体中的个体的行为。我们倾向于将陌生人的行为解释为他们的性格，然后将他们的性格看作他们文化的典型特征，即我们会按照"那些人"像什么的定式观念去理解和解释陌生人的行为。因此，高校在大学英语教学中一定要强调对目的语深层文化的重视，去除定式与偏见、民族中心主义、对文化的历史与关联的忽视等，达到对目的语文化的真正理解。在大学英语教学中，在进行语言学习的同时还要实施目的语文化知识的教学、文化敏感性训练、跨文化交际的技巧训练等。其目的在于：减少学生可能遇到的文化冲突；促进学生对目的语文化的观念及行为习惯的理解。对学生来说，表层的语言障碍经过学习是较容易克服的，但文化差异

---

❶　关世杰. 跨文化交流学：提高涉外交流能力的学问［M］. 北京：北京大学出版社，1995：191－194.

所造成的深层障碍在跨文化交际中却很难解决，因此应该培养学生克服民族文化中心主义，消除定式思维，对异文化采取理解的态度，包容文化多样性。

跨越跨文化交际的障碍，还要克服夜郎自大心理，即民族优越感的一种表现形式。哈佛大学前文理学院院长罗斯托夫斯基（Rosvosky）曾提出，一个有教养的美国人不应该有狭隘的地方主义，忽视其他地区和时期的文化，应当了解塑造其他地区现在、未来以及历史上其他时期文化的力量。当然，很少人有如此广博的世界观，但一个人是否受过教育主要在于能否用广阔的视野来审视生活的经验。

我们常说中华文化源远流长、博大精深，孔子、老子和四大发明等都是历史的荣耀。欧洲自文艺复兴以来，文艺、科学技术等各方面成就非凡。如今，在经济迅猛发展的背景下，我们仍然要用冷静的眼光来看待我国和发达国家之间的差距，既要继承中华文化传统，又要吸收西方文化，不仅要有文化自觉，而且要理解和学习他者，"内知国情，外知世界"或所谓"知己知彼"。文化自觉首先是对自己的文化有自知之明，即充分认识自己的历史和传统，这是一种文化延续下去的根与种子，更重要的是要按现代的认知和需要来诠释自己的历史文化，则必须向现代文化和其他文化学习，在多元文化的背景下找到民族文化的自我，明确新时代里中华文明存在的意义，它为世界的未来发展能作出什么贡献。❶

第三节　培养跨文化人

大学英语教学目的是使学生能更全面地理解一种语言并流利地使用它，能成功地和熟练地使用英语进行交际。语言是文化的一部分，同时也是定义和描述文化的媒介❷，因此，学习者必须了解语言的文化维度。例如，学习者不能仅仅按照词典中的单词对等意义去理解成语——还需要了解其背后的文化内涵，语言学习过程中要注意学会理解新单词的文化含义❸，即学会目的语的文化内涵。语言是交际的工具，但不应该将语言仅仅视为语言学的元素，语言的教与学在强化对其他文化的开放，在与他者交际中培养正面的、对异文化

---

❶　乐黛云. 文化自觉与中西文化会通［J］. 河北学刊，2008（1）：185－189.

❷　Pachler N，Field K. *Learning to Teach Modern Foreign Languages in the Secondaty School*［M］. London & New York：Routledge，1997：144.

❸　Byram M. "Cultural Awareness" as Vocabutary Learning［J］. *The Language Learning Journal*，1997，16（1）：53.

宽容的文化态度方面是最有效的学科。语言学习能使学习者认识到文化之间的相同点并能接受不同点，培养学习者包容他者，而不产生社交恐惧。语言教学是通过学习目的语的文学和有关文化知识来进行的，更强调理解目的语国家、社会和人民的经历和观点，理解并超越我们可能持有的对他者的定式观念。

　　大学英语教学对象是大学生，怎样培养学生、培养什么样的学生无疑是至关重要的问题。大学英语的教学目标除了提高学生的语言技能，还要培养学生对目的语文化和母语文化产生好奇心，帮助他们进行文化比较，丰富学生的体验，培养对文化多样性和文化差异的敏感，这种多样性/差异应得到理解和尊重，而且绝不能高估或低估。帮助学生理解人们展现出的文化制约行为的事实，理解社会变量如年龄、性别、社会阶级以及居住地等对人们言语和行为的影响，使学生意识到在目的语文化状况中的一般行为，以及目的语中单词和短语的文化内涵。培养学生评估目的语文化的能力，鼓励学生对目的语文化的好奇心和对于他者的移情。在学生学习外语和外国文化的过程中培养学生文化交融和理解的认识能力，即"移情"（empathy）能力，这是一种设身处地从他人的角度看待和感知世界的能力。移情能力不仅有助于语言能力和交际能力的发展，而且对整体人的完善也有积极的促进作用。外语学习成功者大部分都在对不同文化进行比较、评价和综合的过程中使自己变得更加丰富和完整。他们所进行的文化评价和批判并没有引起强烈冲突，反而是不同的文化因素在他们身上达到某种程度的整合。大学英语教学应该培养大学生成为思想开放，对自我、他者和世界都有深刻理解，并积极地与外界交流，不断发掘和实现自身的价值的现代人。

　　因为语言与文化紧密联系，大学英语教学必须将文化与语言相结合，这不仅能提高学生的语言能力，而且能使学生了解目的语文化，能与目的语文化群体进行有效的交际；更重要的是让学生了解更多的文化群体，提高跨文化交际能力，力争成为一个跨文化人，这才是 Kramsch 和 Byram 所提出的外语学习和文化学习的最终目标。❶ 我国的大学英语教学的目的就是使学生流利地使用英语，大学英语教学中文化教学的目的之一是促进语言教学目标的实现，那么培养的学生就需要具有双语能力。双语意味着某种程度上的双文化❷，一个双文化的人在两个或更多文化领域内行动而没有障碍，不会选择那些带有负面文化内

---

❶　张红玲. 跨文化外语教学［M］. 上海：上海外语教育出版社，2007：129.
❷　Damen L. *Culture Learning：The Fifth Dimension in the Language Classroom*［M］. Reading，MA：Addison-Wesley，1987：4.

涵的词语。所以，文化学习的主要目标是帮助学生成为跨文化人，能够轻松有效地理解和应对来自不同文化的人。

一、培养对文化差异的敏感性

文化价值观是一种比较持久的信念，可以决定个体、群体的生存形态、行为方式或准则，判断是非、美丑、爱恨，因此它很容易引起种族优越感、不同的感性认识、交际中的误解及态度等问题，从而导致文化冲突。文化冲突的出现是因为来自不同文化的人具有不同的价值观和行为准则，个体往往根据自己文化的价值观和准则行动，而对对方所持的观念可能从相反的角度解读其行为，这就容易造成误解和冲突。不同文化给人提供不同的思维方式——看、听、阐释世界的方式。

有一些因素影响跨文化交际中的相互理解❶：认知的约束，不同群体的世界观构成框架形成了一个进行新信息比较的背景；行为的约束，不同文化都有其影响言语和非言语交际的规则，如不一定完全相同的礼貌原则等；情感的约束，不同的文化会用不同的方式展示、表达情感，有一些文化表现得相当情绪化，而有一些文化则表现得情感内敛；等等。与来自不同文化的人交际是很有挑战性的，文化差异会造成对自己和他人行为的期望的复杂化，误解他人的观点、行为、动机从而造成冲突。

除了培养自我意识，加强对自我主体的关注即文化自觉外，我们必须考虑培养大学生对文化差异的敏感。当我们考虑其他文化时，我们常常将它们与自己的文化相比较，因为我们对自己文化的了解胜于对异文化的了解，我们倾向于觉得异文化很奇怪。因为从我们出生起就学习用特定的方式进行解释和理解彼此，当遇到不同的解释体系时我们可能会感觉它不是"正确"的方式，我们倾向于保卫自己的文化并将它视为准则，而将其他文化模式看成是错误的。这也许是人类对差异的自然反应，但却是我们需要努力克服的。不同的群体面对环境中对生存的挑战时，有不同的解决方法，在不同群体中都有人明言他们关于生命如何生存的方式是唯一正确的，而其他方式都不正常，而这就导致了冲突。因此，不应该拒绝其他群体生存的方式和他们的价值观，而应力图理解来自不同文化的观点。

大学英语教学中应该注意培养学生对不同文化的包容态度，学生应该对异文化持开放的心态，即使无法接受异文化，也要设身处地将异文化中无法理解的部分置于其特定的历

---

❶ Ting-Toomey S. Managing Intercultural Conflicts Effectively[A], in L. A. Samovar and R. E. Porter(Eds.) *Intercultural Communication*: *A Reader* 10*th ed.* [C]. Shanghai: Shanghai Foreign Language Education Press, 2007: 376–387.

史和社会背景中，了解其产生和缘由，平等对待异文化与母语文化的差异，而不是对异文化嘲讽和轻视。保持自己的价值观，如判断和坚持什么是正确的或错误的，是很有必要的。对其他文化持开放态度并不意味着放弃判断力，而是放弃建立在无知之上的预先判断，开放意味着愿意通过研究其他文化来学习并发展个体自己的价值观。

我们在和西方世界保持接触、进行交流的过程中，把中华文化中好的东西讲清楚，使其变成世界性的东西。首先是本土化，然后是全球化。一方面要承认中华文化里有好东西，进一步用现代科学的方法研究我们的历史，以完成我们"文化自觉"的使命，努力创造现代的中华文化；另一方面要了解和认识他人的文化，学会解决处理各种不同文化接触的问题。

对周围环境和他人敏感是有能力的跨文化交际者的标志之一❶，跨文化敏感性是一种个体的素质，意味着能理解和欣赏文化差异以提升在跨文化交际中做出适当和有效的行为，是培养正面情感的能力。❷ 在大学英语教学中可以从 2 个方面培养大学生的跨文化敏感性：

(1)学习母语文化的本质以及母语文化区别于其他文化的主要特点，即"知己"；

(2)培养对目的语文化的理性分析能力，即"知彼"。

培养跨文化敏感性可以帮助学生在心理上和方法上做好准备应对不同文化，减轻他们面对不同文化时的不适应。跨文化敏感性可以在大学英语教学中进行培养，使学生掌握语言知识，同时使他们熟悉目的语文化中特有的、具体的表达和交流方式，如手势、礼节、习俗等，即以授课的方式系统介绍目的语文化的内涵与特征。同时通过文化讨论的形式，组织学生探讨目的语国家文化的精髓；适当组织各种活动，让学生与外教、留学生有更多接触和交流的机会。

文化敏感性五个阶段模型如图 7 - 1 所示。

第一阶段——无意识无能力，是指个体没有跨文化交际的意识，通常会无心地或无意识地得罪来自另一文化背景的人。

第二阶段——有意识无能力，是指个体已经具有跨文化交际的意识，知道这样做是错的，但不知道如何做才是正确的。

---

❶ Samovar L A, R E Porter, Lisa A Stefani. *Communication Between Cultures*［M］. 3rd ed.. Beijing：Foreign Language Teaching and Research Press & Brooks Cole Thomson Learning Asua, 2000：255 - 271.

❷ Chen G M, W J Starosta. Intercultural Awareness［A］, in L. A. Samovar and R. E. Porter (Eds.). *Intercultural Communication*：*A Reader*, 10th ed［C］. Shanghai：Shanghai Foreign Language Education Press, 2007：347 - 356.

第三阶段——有意识有能力，是指个体知道怎样做是错误的，也知道在具有其他文化背景的人们面前怎样做才是正确的。

第四阶段——无意识有能力，是指个体能应付自如地与来自其他文化背景的人交际，真正做到了"双文化"或"多文化"。

第五阶段——无意识超能力，则是"多文化"的表现，但是并非所有人在任何时候都能达到这个水平。

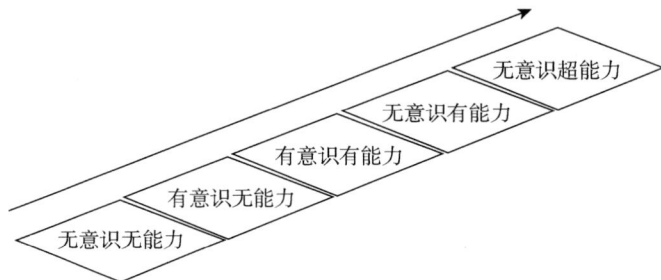

图 7-1　文化敏感性的五个阶段

大学英语教学中培养学生对文化差异的敏感性，由于大学英语教学的课时和内容有限，能达到第三个阶段或以上即可。

跨文化敏感培训，是一种消除文化障碍的方法，通过训练可以使学生学会如何倾听并了解自己和对方的情感，加强自我意识和对不同文化的适应能力，并促使学生与来自不同文化背景的人员进行有效交际。跨文化敏感培训使大学生能够发现和学习原来自己没有注意到的文化差异，打破心中的文化障碍，增强合作意识，减少文化偏见，增加相互间的信任感，提高大学生对不同文化的鉴别和适应能力。

二、加强跨文化交际能力训练

大学生跨文化交际能力的培养需要加强跨文化培训，跨文化培训是解决跨文化冲突的有效途径，跨文化培训本身也是一种学习。当前的大学英语教学偏重于纯语言技能的训练，忽视了对大学生的跨文化培训。跨文化培训一般包括：对目的语文化和母语文化的讲授，文化敏感性训练，习俗、生活方式等培训，跨文化交际及冲突解决能力的培训等。通过跨文化培训，全面系统地讲授目的语文化的价值观念、伦理道德、风俗习惯、法律制度等，提升大学生对目的语文化的认识和文化敏感性，使学生理解和尊重异文化，减少文化冲突。跨文化培训还包括培养大学生的观察能力和面对面交际的能力，使学生在模拟真实的环境中学习目的语文化。

培养跨文化交际能力还有助于大学生树立全球文化意识，尽管普遍存在人类文化的差异，但是具有某些共同特点的全球文化正在出现，大众传媒和现代传播方式，如网络及其衍生的 ICQ、Blog、微博、QQ、BBS 和社交软件等正在打破地域和文化之间的界限。作为文化素质教育一部分的大学英语教育应该致力于培养面向世界的全球化人才，要使学生具备跨国性能力以适应全球市场的要求，共享全球资源。

为促进不同文化的人们进行交流，Joseph Luft 与 Harrington Ingram 提出"约哈里之窗"（Johari Window）的理论以促进人类的跨文化交际。❶ 如表 7 – 1 所示。"约哈里之窗"将交际双方对彼此的了解分为 4 种情形：自己知道、自己不知道、对方知道、对方不知道。4 种情形组合成 4 个区域：开放区、盲目区、隐蔽区、未知区。"约哈里之窗"图解了人类交际中可能出现的状况，人们据此可以采取相应的措施提高交际质量。交际双方要提高交际质量，双方必须扩大开放区，同时缩小盲目区、未知区和隐蔽区；交际双方还必须对自己的和对方的文化有系统的了解，要对彼此的异同有洞察；交际双方也应该对自己的文化做尽可能多的介绍和解释，使对方明晰；来自不同文化背景的交际者应该把握机会做尽可能多的直接交际，从而更深刻地理解和体验异文化。

表 7 – 1 "约哈里之窗"理论

	自己知道	自己不知道
别人知道	开放区	盲目区
别人不知道	隐蔽区	未知区

因此，在大学英语教学中进行跨文化能力的培训，具体做法如下。

（1）文化讲解：向学生提供关于目的语文化的概况知识，这是目前大学英语教学中广泛采用且相对简易的方法，目的是提高大学生跨文化认知水平。其内容涉及目的语文化的历史、社会、制度、经济、习俗、态度等方面，学生可以从中体验文化差异，了解目的语国家的价值观，理解母语文化。例如：可以通过让有出国经历的人展示各种国外的交通工具票据、钱币、发票、照片等，让学生与中国的同类事物进行对比；收集目的语国家的报纸和杂志，然后与中国的报纸头版、杂志的封面等进行对比，发现其中反映的价值观的差异；给学生一些英语成语让他们讨论与汉语中成语、谚语的异同等。

（2）深度分析：教师和学生可以通过分析网络或影像等实时材料，与学生共同深度探

---

❶ ［德］洪堡特. 论人类语言结构的差异及其对人类精神发展的影响[M]. 姚小平，译. 北京：商务印书馆，1997：118.

讨，在案例分析中提高学生观察文化差异和包容异文化的能力。还可以让学生通过角色扮演，使用英语进行各种场景模拟，来强化对异文化的理解和培养自我意识，帮助学生正视文化差异，提高应变能力。学生能因此了解母语文化及其与目的语文化的异同，分析不同的思维方式、价值观、行为方式和准则。例如：可以提供国外的体育节目、节日庆典等影视片段供学生观察；让学生在网上搜索找出国外最有影响力的报纸、电视、网络媒体；让学生在影像资料中观察国外的约会和婚姻习俗、家庭生活习惯、购物和度假方式等，并体会其中所表现出的价值观；为学生提供一些失败的跨文化交际的案例让学生讨论，引导其思考是谁错了，应该怎么做；给学生看国外的广告、宣传片、宣传册等，让他们找出其中的文化特色等。

（3）实际体验：可以让师生互动，也可以让大学生与外籍教师和留学生互动，模拟亲身体验，提高大学生对异文化的感知度，同时察觉自己母语文化中习以为常但不被异文化接受的行为，培养大学生的移情能力，训练其应对不同文化并及时解决文化冲突，提升跨文化交际技巧。例如让大学生采访在华的外国人，写出他们的感受；分析真实对话中，外籍人士如何使用感叹语、如何开始交谈、如何插话、如何深入交谈、如何结束。在与外籍人士交际中让学生体会外籍人士的非言语交际，如眼神、手势、身体距离等。在角色扮演和实时交际中让学生观察外籍人士的面部表情，体会对方如何体现出幸福、恐惧、害怕、担忧、孤独等情感。

第八章　跨文化大学英语教学建议

第一节　对大学英语培养目标的建议

培养学生的英语综合应用能力，特别是听说能力，使他们在今后工作和社会交往中能用英语有效地进行交际，同时增强其自主学习能力，提高综合文化素养，以适应我国社会发展和国际交流的需要。大学英语课程不仅是一门语言基础课程，也是拓宽知识、了解世界文化的素质教育课程，兼有工具性和人文性。因此，高校设计大学英语课程时应当充分考虑对学生的文化素质培养和国际文化知识的传授。

一、在大学英语教学大纲中明确母语文化和目的语文化的定位

借用梁启超先生划分中国史的方法来明确大学英语教学中母语文化的定位。梁启超先生的《中国史叙论》作为中国通史的纲领，将中国史划分为中国的中国、亚洲的中国和世界的中国三段。中国的文化之所以成为中华文化，是在中国的主要人口发展出共同意识之后，秦汉帝国四百年的熔铸将"中国之中国"定型；在东汉之后，外族入侵加上佛教传入，中国始终有外围的挑战，实际已是"亚洲之中国"；"世界之中国"始于清乾隆末期或之前。许倬云先生指出，如果中国在"亚洲之中国"阶段就能发展出与其他文化共存的平等心态以及对其他文化的尊重与认识，则中国在进入"世界之中国"时不至于心理上毫无准备而一败

涂地。今天的中国人已经认识到中国只是世界的一部分，中华文化只是在人类文明中占了一席而已。❶

　　大学英语教学的内容要以母语文化为基础，这是学生在跨文化交际中的立身根本，但在大学英语课堂中进行母语文化教学超出了大学英语教学的要求，是大学英语教学无法单独完成的，因此大学英语教学中的母语文化内容以母语文化内容的英译即如何用英语表述母语文化内容为主，同时对母语文化与目的语文化进行对比。

　　大学英语教学中涉及其他文化内容，英语已经是一门公认的世界通用语，除了以英语为母语的国家之外，亚洲、大洋洲、太平洋、加勒比海的很多国家都将英语指定为官方、准官方或工作语言，在这种状况下，数百万学生学习英语，把它作为全球性的国际交流语言。❷ 以中国的亚洲邻居为例，印度、新加坡都通用英语，日本、韩国、马来西亚的英语普及率也很高。全球化的今天，英语已不仅仅被用来与以英语为母语的人士交流，大学生还可能使用英语与来自其他国家的人士交流，因此大学英语教学的内容在新形势下必须扩展。但是限于大学英语的课时和课本的容量，这一部分内容可以作为选修、泛读或课外阅读的内容。

　　大学英语教学中目的语的文化学习是重点，学习目的语文化是掌握目的语言所必需的，同时学习目的语文化能让大学生意识到自己的文化身份，这也是学生建立文化身份的途径。只有在深入了解目的语文化的基础上，学生才能更深刻理解母语文化，同时理解中国历史和文化是整个世界历史和文化的一部分，学生才能意识到自己不仅是中华文化的传承者，也是世界的一分子，是世界文明的延续者。他们不仅要知道孔子、孟子的智慧，也要了解柏拉图、孟德斯鸠的思想精髓；他们不仅要知道中国几千年的史实，也要了解世界几千年的发展。这正是外语教学的桥梁作用，不是使中华文化与西方文化对立起来，或者简单地以民族自豪感取代文化交流中自由和实事求是的态度，而是使学生明白母语文化和目的语文化不是分隔的和对立的，要能从不同的历史和文化中汲取养分，让学生成为跨文化人。理解另一种文化会给你一个站立的位置，在那儿能更好地观察自己的文化。

❶ 许倬云. 中华文化与世界文化[M]. 桂林：广西师范大学出版社，2006：1-8.
❷ Honna, Nobuyuki. English as an International Language and Japan's English Language Teaching[J]. *Foreign Language Teaching and Reaseach*, 2001(Sept.)：340-347.

二、大学英语教学大纲的培养目标和学生能力的三个层次

（1）第一层次：让学生能自如地表述自己和母语文化，具备用英语表述母语文化的能力。对西方人来说，中国人和中国文化都是"文化上的他者"，如何避免西方将中国的民族文化和民族意识淹没在西方式话语中，就必然依靠中国人对自己文化的阐释和表述。就如国内著名电影导演张艺谋，他对母语文化的大胆表述为他赢得了国际声誉，大学生要像他那样，用西方人能够理解的方式表述自己以及自己的母语文化。

（2）第二层次：让学生能够深刻理解目的语文化的深层内核，具备对目的语文化的理解能力。对学生来说，目的语文化也是"文化上的他者"，如何避免将目的语文化"他者化"，如何避免文化障碍，是大学生学习的主要目的之一。就如中国香港著名电影导演吴宇森，他在好莱坞拍片时所表现出的对美国社会规则、话语体系、意识形态的理解不亚于美国本土导演，吴宇森的电影从形式到内容都受到美国文化的认可，在好莱坞赢得了很高的声誉。大学生应该像他那样，做到能够理解目的语文化的深层内核。

（3）第三层次：也是终极目标，使学生成为"跨文化"的人。因为学生所具有的"他者"身份，他们可以有意识地与目的语文化价值观保持距离，可以从"他者"的视角来审视目的语文化。指出西方人习而不察地对"他者"的冷漠，不但可以令西方人反省自己的文化，也能为自己争取到"话语权"；同时学生的"他者"身份也为自己提供了一个认识自我的参照，从"他者"的角度看母语文化会让学生进入反思"自我"的旅程，学生能重新认识习以为常的社会。"跨文化人"使学生能够以他者的眼光观察母语文化和目的语文化的社会、历史、价值观等，"他者"的优势就是"旁观者清"，"只有旁观者能纵观全局"，通过对文化的观察，学生学会反思两种文化模式，重新审视两种文化中的社会价值观，能够更深刻和批判性地认识自我，同时在这一过程中学生能建立文化身份，弥合西方与东方、他者与自我。就如著名电影导演李安在《卧虎藏龙》中用西方人的视角来表现中国武侠和功夫，这为他赢得了奥斯卡最佳外语片奖，在好莱坞的文化霸权中李安真正获得了话语权。大学生应该从边缘的视角审视两种文化，弥合这两种文化，从两种文化中汲取养分。

哈佛大学前校长德雷克·博克说："教会学生如何在这个多元社会中生活，是大学义不容辞的责任。"❶在人的身上，没有哪一样东西比语言更能包容整个族类。语言具有把各个民族分隔开来的特性，但也正是这种特性，使语言得以通过不同话语的相互理解，把个

---

❶ 博克. 回归大学之道——对美国大学本科教育的反思和展望[M]. 侯定凯，等译. 上海：华东师范大学出版社，2006：44.

人差异统一起来，同时并不损害他们的个性。人类所付出的许多努力，都不能充实心灵；如今文明肩负着开拓的使命，而通向成功的钥匙则掌握在人所固有的语言手中。❶ 学习母语或母语文化并不仅仅是让大学生通过考试或者应付日常生活，而是让大学生能够拿起汉语或古汉语的书籍与自己的祖先对话，汲取先哲的智慧。学习英语不能仅为通过 TOEFL、IELTS、GRE 考试，而是让英语成为一座桥梁，当学生拿起一本英文著作时，就可以与西方文明中的智者对话，进行思想的碰撞。从他者的角度看到母语文化的优势与弱势，从他者的角度审视目的语文化。大学生成为跨文化人，就能够在两种文化中搭起一座桥梁，使母语文化在面临西方文化的挑战时，不至于成为一个曾经辉煌但逐渐逝去的堡垒，而是在继承中，在两种文化的交流发展中重新焕发光彩。

第二节　对大学英语教材的建议

一、增加通识教育内容

早在 1828 年，耶鲁报告就提出以心智的训练、人文价值作为外语学习的存在和理性基础，大学的功能是训练学生的心智，拉丁语和数学是达成该目的的最好工具。如果学生能够掌握这个系统的、有序的、完整的知识体，就掌握了一个可以应用于其他不完整科目的思想体系，学习这个传统的、有序的科目可以给学生一个完整的知识体系，用于在其他科目中追寻知识。❷ 外语教育是人文博雅教育的一个重要组成部分，因为古典教育的外语教育并非单纯的语言学习，还包括语言所承载的知识与文化，通过语言及其承载的文化，外语教育成为人文教育的核心。❸

通识教育是在大学的人文传统面临专业教育、实用性教育的挑战时被提出，与高校的人文传统、通识教育与博雅教育密切相关，而外国语言和文化一直是通识教育的重要组成部分。例如，美国高校的通识教育是其课程体系中最重要的组成部分，而外语教育又是通

---

❶ 洪堡特. 洪堡特语言哲学文集[M]. 姚小平，译. 湖南：湖南教育出版社，2001：206.

❷ Yale University. *Report on the Course of Instruction in Yale College*[R]. New Haven，Conn：Hezekiah Howe，1828：3 – 10.

❸ Alter M P. Traditionat Reason for Retaining FL Requirement[J]. *ADFL Bulletin*，1972(2)：10 – 12.

识教育的一个重要组成部分。哈佛大学的核心课程规定了 11 个领域。第一领域就是外国文化，而外语学习是外国文化领域规定的重要课程之一。● 耶鲁大学的通识教育要求学生学习人文艺术学科、科学、社会科学三个领域的课程，在人文艺术领域，外国语言和文化课程是完成该领域学习的重要部分。外语学习通过理解、借鉴、包容他国的历史与文化价值而与大学教育的重要性紧密相连，而这些文化价值又是人文博雅教育的核心价值。因而，外语学习和人文学科联系在一起，语言学习不但具有交际的实际应用价值，更重要的是，语言学习与文化鉴赏，与促进和提高分析思考能力、价值甄选能力紧密相连。正是在人文主义思想下，外国语言与文化成为通识教育的一部分。

目前，国内对于其他国家和地区外语教育的研究以美国为主，兼有对欧洲国家语言政策与语言选择的研究，其次是对中国香港地区的外语教育（以英语为主）进行研究。但是美国和欧洲，尤其是美国，有大量移民，其中很多移民的后代在学校选择学习其家庭传承语言。例如"二战"前，美国移民以西欧国家为主，所以有大量学生学习法语、德语，而随着世界各地移民的增多和对语言与身份、语言与人权的关注，其他国家的移民更关注自己的权利，如墨西哥裔的学生以学习西班牙语为主，华裔学生以学习汉语为主。另外，美国设有各种基金会，例如犹太民族对学习希伯来语的资助，波兰基金会对学习波兰语的资助等都影响其语言政策和语言选择。美国人因为英语作为世界通用语的地位，对学习其他语言并无太大的兴趣，因此美国人自嘲说讲三种语言的人是 trilingual，双语的人是 bilingual，而只说一种语言的人是 American。

笔者访谈加拿大外教时，她提到加拿大因为法语区的独立倾向，所以要求英语区学生必修法语，但是英语的世界影响更大，用处更广，因此学生学习法语没有动力，学生的法语程度并不高，只是修满学分而已。中国香港地区的英语教育与内地也没有可比性，因为香港地区的英国影响较深，香港人的英语程度较高，英语使用很频繁，有些英语单词甚至进入日常生活。中国台湾地区高校对中华传统文化的保护和传承要好于大陆地区，而且其师生的英语程度也很高。访谈台湾元智大学的学生中，即使是大学一年级的学生也表现出良好的人文修养和英语水平，在国际会议中为来自世界各地的学者做义工时，其流利的英语和良好的沟通能力，以及在汉语和英语间的自然转换，让人赞叹。因此，同样使用汉语的台湾地区大学的通识外语教学（即大学英语教学）对大陆地区高校更有借鉴意义。

将大学英语系整合进入通识教学部，因为大学英语本身就是通识教育的重要组成部

● Harvard University. *Guide to the Core Program* [EB/OL]

分，而且能够弥补现有大学英语教材的不足，让学生接触到经典作品，同时开阔师生的眼界，促进大学英语教材的改进。对比前文引用的美国大学经典阅读的书单，可以很明显地看出元智大学的经典书目更有包容性，尽量囊括东西经典，文理兼顾，让学生既能以自己为主体，又能了解他者，尽可能做到融会贯通。

二、增加母语文化内容

在大学英语教学中，应注意中华文化的表述，帮助学生建立平等的跨文化交际意识。在制定教学大纲时，宏观上的政策要将中华文化提升到与西方文化同等的地位，作为英语教学的一个部分纳入教学计划。在教材的编写中，应该将中华文化内容分层次、系统地纳入大学英语教材。通过对母语文化的学习，让学生树立民族自信心，提升民族自豪感，在跨文化交际中树立平等的交际意识，培养学生输出中华文化的意识，保证文化的双向传输。英语教材直接影响教学内容和教学目的，目前大学英语教材只注重对西方文化的介绍而忽视了中华文化。而跨文化交际中表达的是双向的交际行为，绝不仅局限于对目的语文化的理解，还包括与对方的文化共享和对对方的文化影响，因此，增加教材中中华文化内容，是我国大学英语教学需要解决的问题。鉴于中华文化博大精深，不可能面面俱到，因此应选择一些经典的、具有代表性的文章编入英语教材。同时，方式应该多样化，可以把中华文化内容作为课文讲授，也可以作为课外阅读材料，或是作为口语、听力的练习内容，使英语教材发挥培养学生人文素质、弘扬民族文化、提高学生语言能力的作用。

在英语教学中也要融入中华文化，英语教学过分强调学生听、说、读、写能力的提高，使英语课变成了单纯的语言技能训练课。这已经不能满足提高学生跨文化交际能力的要求。所以在教学中应改变单一的语言技能训练教学模式，实现真正的文化教学，教师还应该在不同的学习阶段，根据学生个体间的差异，帮助学生掌握中华文化的英语表达方法，调动学生积极性，让英语学习者学会用英语向其他国家的人讲述中华文化，让世界了解中国。目前，大学英语教师对跨文化交际的认识存在一定的误区，跨文化交际策略、经验及应变能力都有待提高，大学英语教师应有较深的文化功底，还要有较丰富的西方文化知识，兼具母语文化修养。但是，教师自身的中华文化的英语表达能力本身尚欠缺，而这些都会影响教师的课堂教学。要想在英语教学中融入中华文化，就需要提高教师素质，除了具备语言能力外，还必须具备良好的文化修养，这样才能胜任教学、实现教学目标。因此，要真正实现在大学英语课堂中对中华文化的传承，英语教师就要加强自身的学习，提高自己的综合素质，担负起在英语教学中融入中华文化的任务。在当前中华文化失语的情境下，大学英语教育应该在教学中渗透中华文化，让学生在跨文化交际中保持自身的文化身份，实现有效的跨文化交际。

第三节　对大学英语教学方法的建议

目前在我国大学英语教学中使用多种教学方法。第一种常见的方法是语法—翻译法，假定世界上所有语言都起源于一种语言，各种语言的语法是共通的，词汇的意义也相似，语言之间的区别仅仅在于单词的发音和拼写不同。所以，教授外语就是进行两种语言的互译，词汇和语法的互相替换。根据语法—翻译法，在学完字母、拼写之后，就会教学生系统学习语法、记忆词汇、训练阅读，其中语法教学始终占有重要地位，因为语法是翻译和阅读的基础。课文中出现需要学习的语法项目，课文后附有配合语法编写的例句和练习，课文讲解围绕语法。但是这种方法忽视了听说，过于强调语法的教学。

第二种广泛使用的是听说法，其逻辑基础是美国结构主义语言学，认为语言是说的话而不是写出来的文字，语言是一套形成的习惯，所以需要大量的刺激和操练，语言教学不是教语言的知识。所以听说法以听说为主，反复操练，以形成习惯。听说法十分重视外语思维，完全拒绝母语。但是听说法忽视了语言的内容和意义，以句型为操练对象，学生也许能说出流利的句子，但却不能活用语言进行适当交际。

第三种在国内影响较大的教学法是交际法，强调培养学生的交际能力，将语法项目按照功能和意念进行整理，语法服从语言功能。以学生为主，让学生接触地道的语言而不是紧紧围绕语法知识。但是语言的功能项目很难厘清，语法、功能、意念很难融为一体，再者，中国教师自己的交际能力尚有问题，所以影响了这种方法的功效。

王晓玲、曹佳学[1]对大学英语课堂教学效果进行了系统调查，他们选择了河北联合大学 15 名大学英语教师作为课堂调查对象。15 名教师中老、中、青各 5 名，他们的教学年限从 2 年到 20 年不等。根据教学计划，课题组对每位被选教师分别听课 4 个学时，15 名教师共听课 60 学时。主要了解教师在课堂的教学情况和学生在课堂的表现，其中包括教

---

[1] 王晓玲，曹佳学. 大学英语课堂教学效果分析与思考[J]. 大家，2013(3)：306.

师的教学方法、教学内容、教学态度、课堂活动组织、师生互动，以及学生的小组活动形式、在课堂的学习积极性、课堂反应等。总结和分析两个月的课堂调查，课题组认为，以下5个方面是影响大学英语教学效果的主要因素：

(1)教师的教学观念。

(2)教学内容与方法。

(3)学生课堂参与度与注意力。

(4)课堂互动与语言环境。

(5)学生学习积极性与教学效果。

一、教师的教学观念

尽管"以学生为中心"的教学理念已经被广大教师所接受，但真正实践起来还有很大差距。我们发现，几乎所有教师都是按照事先准备好的教案进行教学。讲课中，有的教师准备的教学内容明显偏难，超出学生的知识范围；有的又太容易，根本没必要讲，但很少有教师根据教学对象调整教学内容。其结果是，一个教师的教学内容太难，让学生云山雾罩；另一个教师的教学内容太简单，让学生无所事事。两种情况下，可以看出教师们不习惯从学生学习角度考虑如何设计教学内容和方法。教师备课时大多备的是教材，而不考虑学生需求。由此反映出的教学观念是，教师教什么，学生就学什么。教师很少考虑学生需求，因此，学生课上学习积极性不高。布朗(Brown)认为，根据学生需要和愿望组织教学才能激发学生内在学习动力，而提高内在动力是保障学习效果的最佳方法。

二、教学内容与方法

如上所述，很多教师备课时主要是备教材，很少考虑学生的需求，因此，上课时，他们都是在教教材，而不是用教材教。两者的区别是，前者根据教材组织教学，考虑的重点是教材中有什么背景知识要介绍，有什么语言点、生词、课文难点要讲解；后者利用教材开展教学活动，考虑的重点是学生从教材中能学到什么。由此可以看出，很多教师备课时做了精心准备，从背景知识、生词、语言点到文章结构面面俱到，教学态度更是认真讲解，娓娓道来，一堂课结束似乎讲了很多内容，但仔细想想好像什么印象都没有留下。究其原因，主要有以下几种。

(1)教学目的不明确：很多教师没有介绍教学目的，究竟他们备课时是否考虑教学目的不得而知，但至少没有认识到教学目的的重要性。有的教师虽然列出教学目的，但教学中没有按照教学目的设计教学内容，所以教学目的形同虚设。很多教师承认，他们每讲课的教学目的就是讲完某单元课文，很少考虑通过课文学习要达到什么具体的教学目的。

（2）教学重点不突出：没有明确的教学目的，教学内容很容易变成流水账，从生词到课文讲一遍就算完成了教学任务。但学生的记忆有限，不可能将教师讲的每句话都记住，教学内容千篇一律，教师讲得越多，学生越不知道重点是什么。因此，上完课学生感觉毫无收获。

（3）知识与应用不平衡：《大学英语课程教学要求》（2007）指出，大学英语教学要实现"从以教师为中心、单纯传授语言知识和技能的教学思想和实践，向以学生为主体，即传授语言知识与技能、更注重培养语言实际应用能力和自主学习能力的教学思想和实践的转变"。但是，大多数教师的授课内容仍然以语言和技能为主，语言应用型课堂活动较少。

（4）课堂时间分配不合理：所有教师都以阅读材料为中心，将教学过程分为阅读前（before reading）、阅读中（while reading）、阅读后（after reading）三部分。我们发现，这三部分的时间分配不合理。大多数教师进入课文用时较长，最短的 20 分钟，最长的 45 分钟；部分教师课文讲解用时较长；但完成课文阅读后的活动用时普遍较短。分析原因，可能是进入课文前教师比较容易组织活动，讲解课文过程中可讲内容较多，而讲完课文后大多数教师感觉完成了任务，所以课后活动往往一带而过。实际上，要提高学生的语言应用能力必须加强阅读后的活动，因为学生在阅读中所学词汇、语法、结构的练习，课文深层次意义的理解和引申，都需要通过这部分来完成。

（5）提问形式使用不当：我们注意到，教师在课堂上主要使用展示型问题（display question）较多，使用引申型问题（referential question）较少。展示型问题是用来了解学生对所阅读或听力内容理解的。这类问题没有信息差和交际意义，因为学生可以直接从文本中找到答案。引申型问题是用来讨论文本的深层次信息或读者对所获取信息的评论和意见的。这类问题是开放性的，学生无法直接从文本中找到答案，需要自己组织语言，因此，更有利于培养学生的表达能力和语言应用能力。但是，由于教师主要使用展示性问题，学生回答问题时几乎全部使用课文中的原句。从表面上看，师生在互动，学生在练习，但没有真正意义上的信息交流，也不利于培养学生的表达能力和语言运用能力，还容易造成学生离开书本就不敢张嘴。

三、学生课堂参与度与注意力

参与度和注意力是相辅相成的。课堂上如果学生只是旁观者，注意力很难保持一堂课时间。只有让学生主动参与课堂活动，才能吸引学生注意力，进而提高教学效果。从课堂上看，学生参与度不够广泛，尽管有的教师尝试调动学生参与，但经常只是少数学生发言，多数学生保持沉默。分析原因，我们发现如下问题：

(1)任务不够明确：有的教师布置活动时没有说清楚到底让学生干什么。听课时我们不止一次地感到困惑，不知道教师的具体要求是什么。学生不知道教师让他干什么，当然就无法参与活动。

(2)任务不够合理：有的教师不预先布置任务，等到学生完成听力和阅读后直接提问或讨论，造成学生没有思想准备，无法参与活动。这种无目的的听力和阅读不仅让学生无所适从，不知道要听什么，读什么，也不符合语言学习规律。现实生活中人们的阅读和听力一般都是有目的的。

(3)任务意义缺乏解释：几乎所有教师都只布置任务，不解释为什么。其结果是有的学生不理解任务的意义，有的甚至认为任务没意义而不愿参加教师布置的任务。

(4)提名发言不够：由于班级人数较多，有些教师不知道学生的姓名，大多数情况下教师提问时都是学生自愿回答，那些不习惯主动发言的学生不但没有机会练习，而且会感到被忽视。有些学生一旦意识到教师不会提问他们，就不再准备回答教师的问题，也就不再跟随教师的思路学习。

四、课堂互动与语言环境

通过多媒体设备的使用和教师的英语授课，学生在课堂上始终处于目的语语境很容易实现。但这些显然还不够，因为真实语言环境需要互动，需要信息交流，需要用语言进行沟通，而大学课堂上，信息主要是从教师流向学生。有的教师从头到尾滔滔不绝，除了要求学生随声附和一两个词外，几乎没有给学生在课堂上交流的机会。很多教师虽然提问，但只是流于形式，不等学生回答就将答案告诉学生，根本没准备跟学生交流。但是缺乏语言互动和信息交流，学生就难以进入真实语言环境。更重要的是，缺乏跟学生的交流，教师就不知道学生在课堂上获得了什么，也就难以获知教学效果。尽管授课班级学生较多，教师难以给每一个学生机会在课堂上发言，但可以看出，国内大学英语课堂教学还是以教师讲授为主的语言输入型，学生的语言输出明显不足是影响交际能力培养，影响教学效果的主要问题。布朗认为，学习者只有通过语言输出才能有效掌握所输入语言，逐渐实现语言自动化。换句话说，学习者不能亲身参与语言实践活动，就不能习得语言。

五、学生学习积极性与教学效果

学生学习积极性直接影响课堂教学效果。因此，课堂上，许多教师为了提高学生积极性，在刚开始上课的预热(warm-up)和导入(lead-in)阶段，通过听歌曲、看录像、讲故事、介绍背景知识、开展讨论等形式吸引学生注意力。从整体上讲，这一阶段是课堂气氛最活跃、学生参与度最高、趣味性最强的教学环节。因此，许多教师都尽量利用这一阶段开展各类活动，制造课堂闪光点。有的教师这一阶段的活动安排过多，以致没有时间完成教学计划。但是，一旦进入课文学习阶段，课堂气氛就会急转直下。单调的课文讲解和阅读理解活动使教学的趣味性大打折扣。快读、略读、提问、填空、做选择题、找主题句等教学活动学生早已司空见惯。随着趣味性的下降，学生注意力开始分散。我们注意到，课文学习阶段很少学生记笔记，很多学生目光游离于课本之外：有的看手机，有的交头接耳，有的显得无所事事。进入课文学习之前，课堂趣味性比较强，学生注意力比较集中，一旦开始学习课文，课堂就显得枯燥乏味，学生就开始目光游离。因此，要提高大学英语教学效果，需要改进课文学习阶段的教学方法。

人类自有外语教学开始就一直不断追寻最好的教学方法，但是没有一种方法是放之四海而皆准的。学习者本身的因素，如年龄、性别、动机、态度、智力、认知方式、家庭影响、天赋、兴趣、性格、学习方法等都影响学习者的学习成效。我国大学英语教研中更多地关注教师如何教，忽视了学生在母语和第二语言习得中的差异。大学生已经是成年人，学习环境和方式也完全不同，学习目的和过程也不同，大学英语教学要顺应学生的成长和心理过程变化，重视学生的个体因素。

大学英语教师面对各种教学法流派，以及针对不同研究对象和视角的研究理论，需要保持清醒的头脑，博采众长，因为不存在一种万能的或最好的教学方法，在教学中要根据实际情况，灵活适当地加以实践。正如托克维尔所说："我们把视线转向美国，并不是为了亦步亦趋地效仿它所建立的制度，而是为了更好地学习适用于我们的东西；更不是为了照搬它的教育之类的制度，我们要引以为鉴的是其法则，而非其法治的细节。"我们可以借鉴和学习欧美的理论与流派，但由于文化背景和社会历史的差异原因，对我国大学英语教学的指导作用和影响力还需要本土化的实践和研究，不能将其直接运用于我国的大学英语教学中。

当前语言研究者和教育者已经意识到语言环境和学习者的个体复杂性，超越了遵循某一种或几种教学法的时代，而进入一个后方法教学时代(postmethod condition，一译为方法后教学时代)❶。语言教育者的任务不是追求最好的教学法，而是探索能够满足学生需求并且适应学生学习体验和个体差异的教学策略。随着现代科技的发展和教学理论的推进，出现了新的教学方式。

(1)计算机辅助外语教学：计算机辅助语言教学简称 CALL(computer assisted language learning)，计算机按人们事先安排的语言教学计划和内容进行课堂教学和辅助课外练习。随着数字技术的发展和计算机应用的普遍化，以及外语教学中越发强调交际能力和文化基础，计算机被广泛用于语言教学，成为合适的培训工具。学习软件、网络互动平台都为学生提供方便、快捷的学习方式。学生可以在任何适宜的时间、地点进行学习，自己确定课程进度，面对计算机没有心理压力或"丢面子"的问题。计算机辅助教学有助于学生形成个性化学习，也有助于大学英语教师保存学生的学习记录和教学资料。

(2)个性化学习：源于人本主义教育观，满足学生对课程自我掌控的要求，学生选择个性化的学习方案，使用规定的或自选的材料，自己设定学习进度。个性化学习尊重学生的个性，教师根据学生的兴趣、特长、需求进行调整，学生是一种自主性学习。教师从教授者和权威转变成学生的合作者，甚至是学习者，学生不再是被动的听讲人，而是主动的合作者。个性化学习能促进学生形成终身学习。

(3)以目标为指导的外语教学：教师和学生建立平等的伙伴关系，共同努力以达到一定外语能力、程度的要求。目标具有激励作用，可以将人的需要转换为动机，并将学习结果与目标进行对照，及时调整，直至达成目标。

(4)自主学习：较为新兴的语言学习方式，是与传统的被动接受性学习相对应的学习方式，利用已经开发的语言学习材料，由学生进行自主学习，给学生配备语言导师进行语言的实际操练，学习完毕，进行测试和评估。以学生作为学习的主体，通过学生独立的观察、分析、实践来达成学习目标，培养学生自己收集和处理信息的能力、分析和解决问题的能力，以及交际和合作能力。自主学习能有效利用教师资源，降低高校开设语言课程的

---

❶ Kumaravadivelu B. *Beyond Methods*：*Macrostrategies for Language Teaching*［M］. New Haven and London：Yale University Press，2002.

成本。

（5）词汇附带习得法：曹佳学、宋娇❶通过实验对比三种不同的注释方式对词汇附带习得的影响，探索词汇学习与记忆的关系。他们的实验采取了三种不同的注释方式：一个对应的英文注释，一个对应的中文注释，两个英文注释任选其一。研究结果表明，在即时测试中，给出两个英文意思选择其一的注释方式，其词汇附带习得效果明显好于给出其他两种注释方式。在延时测试中，三种注释方式无显著性差异，但用给出两个英文注释选择其一的方式学习的学生成绩最稳定，其次是给出一个中文意思的注释方式。本实验结果表明，大多数现有教材所采用的传统生词表注释形式不利于学生的词汇附带习得。

（6）海外学习：有条件和获得经济资助的学生可以到目的语国家进行语言和文化的学习或考察。

第四节　对大学英语师资的建议

在 21 世纪，学习外语越来越重要，语言学习的好处在于能够提高学习者对语言的理解力，从而有助于学习者更严密和细致地使用自己的语言，理解所阅读的外语文本，以及理解跨文化交际障碍。在耶鲁大学，无论学生的入学外语考试水平如何都必须学习外语，因为耶鲁大学认为外语技能和数学以及定量的分析技能是通向未来学习和生活的钥匙。❷随着全球化的深入，我们越来越多地与世界各地的人们接触，在国内，也有越来越多的农村人口和外籍人士涌入城市，作为不同程度交际的复合体的对文化维度的知识实际上十分必要❸。外语成为现代人必备的素质之一，在这样一个多元化时代，跨文化交际能力是跨文化人必备的素质，这必然对外语教育提出更高的要求。外语教师作为教学活动的实施者、组织者和管理者，必然面临更大的挑战和压力，大学英语系需要面对来自不同语言和专业背景的学生。外语教师主要进行语言和文学研究，为适应外语教育的发展，外语教师必须接受更严格和广博的培训。

❶　曹佳学，宋娇. 不同注释方式对词汇附带习得的影响[J]. 外语学刊，2014（1）：117.
❷　Yale University. Yale College Program Study. *Distributional Requirement for Bachelor Degree*[EB/OL].
❸　Rogers，Everatt M，Steinfatt，Thomas M. *Intercultural Communication*[M]. Illinois：Waveland Press，INC，1999：243.

国外教师培训主要指的是业务方面，国内教师培训包括政治思想和业务两方面，政治思想包括爱国主义、集体主义、敬业精神，及忠诚于教育事业、认真负责的工作态度等各方面；业务方面则常常将大学英语教师培训简化为外语培训，即提升教师的语言技能，例如对教师的阅读、听说、写作、翻译等进行培训。很多学生、家长甚至教师本身都认为一个人只要学会了英语就能够教英语，一个人只要英语水平高就能教好英语，这种看法并不正确，教师培训应该包括"教什么"和"如何教"两方面。

"教什么"并不简单地指"教外语"，教语法、词汇、课文等，因为语言本身包括语音、词汇、语义、语法、篇章、语用，语言技能包括听、说、读、写、译。但语言不仅是符号系统，是人与人相互接触时所使用的交际工具，是人与人之间传达信息或表达思想的媒介，也是使用这种语言的民族历史文化的载体。语言就像一面镜子，反映了民族历史、文化、心理素质的深层结构，隐形地规范着一个民族看待世界的价值标准和思维方式。许多学生、家长和教师认为外语学习的目的是能够与目的语国家人员进行商务、教育等方面的交流，这显然受到语言工具论的影响，只看到了语言在具体人际交往中的功能，而忽视了语言所负载的文化。语言是文化的载体，涉及文化的方方面面，蕴含着哲理和智慧，在教授语言的同时也在传授文化。

大学英语教学实践中所强调的词汇、语法、篇章都与文化密切相关，单词的意义通常是文化所决定或限制的，不同文化的特征经过历史的积淀都在词语中留下了痕迹。英语是具有严格语法规则的语言，汉语的语法则相对灵活，这两种语言的差异与文化传统和思维方式有关。语言的推理方式可以从语言的行文中看出来，对不同文化背景的英语学习者所写的文章进行分析，发现学习者在逻辑层面和篇章结构上受到不同文化因素的影响：英语篇章呈直线型，常用演绎；汉语篇章呈螺旋型，句子之间没有太多连词，靠思维的连贯、语义的上下呼应来表达完整的意思。

可见，只强调语言的工具性，单纯进行语言技能的训练是无法真正学好和教好一门语言的。因此，学生和教师为达到学好英语的目的，必须在语言教学中涉及文化教学，没有文化教学的语言教学是枯燥和无意义的。一个人不可能学习使用一门语言，而不学习有关说这种语言的人的文化。

针对大学英语教师的师资培训中必须突出语言的文化内涵，外语教师在学习语言的同时必须学习文化知识，在教授语言的过程中必须涉及文化。在大学英语教师培训中应包含世界政治、经济、文化内容。

目前，在大学英语教师培训中，一般认为"如何教"就是指教学方法。但外语教学涉及语言学、心理学、社会学、人类学、教育学等相关学科，教学法只是"如何教"的一个方面，"如何教"还包括二语习得、语言学习的过程、学习者个体差异等各个方面。

当前教学法研究理论与实践都源于西方国家，缺乏本土化的经验，国际上英语教学领域的主流教师教育方法往往缺乏非常重要的社会—政治维度，正是这一维度才能使英语教学在其所处的社会、文化、经济、政治等复杂环境中得以本土化。❶ 所以，在"如何教"的培训方面，教学法只是一个方面，还需兼顾其他很多因素。在后方法教学时代，教师的任务不是寻找或应用最好的教学法，而是实践既能够满足学生需求又能适应学生个体差异的教与学策略。

外语的重要性，以及学生、社会对大学英语教学的更高要求，促使大学英语教师接受更高难度和更深层次的培训，同时教师还需要具备广博的知识和文化素养。但是大学英语教师在繁重的教学工作之外很难抽出大量时间进行长期系统的培训，对于主要毕业于外语专业的大学英语教师进行跨学科培训，不是短期培训可以见效的。如何保证大学英语的教学质量呢？答案是进行大学英语师资的整合。

美国的大学基于其自身的文化传统和社会现实，选择在外语院系之外成立语言中心，如哈佛大学、耶鲁大学都设立了专门的语言学习中心，为学生的外语学习和教师的发展提供支持，确保大学生在校期间的外语学习质量，帮助学生达到通识教育的外语技能要求。我国大学借鉴其经验尚需本土化实验，同为汉语地区的中国台湾地区元智大学的实践，可以为大陆地区大学英语师资整合提供有价值的参考。

元智大学国际文化及服务组为拓展师生国际视野，经常以文化交流为目的、外籍师生服务为主轴，举办元智与世界的文化对话，通过讲演、留游学宣传、文化交流周等活动，为师生提供更多的国际文化交流机会。

国际语言文化中心承担全校大学英语教学课程，强化学生外语能力，提升国际竞争力，并配合国际化政策开展各单位与国际学术文化交流的业务。中心负责规划及执行全校性各项英语、第二外语及汉语课程，协办各种语文测试及文艺活动，以改善校园外语学习环境，提升师生国际视野与文化涵养。

将大学英语教师整合进入国际语言文化中心，与对外汉语教学的师资和外事交流与联系的师资整合，形成跨语言、跨文化团队。同时将国际语言文化中心设为通识教学部的下

❶ Pennycook A. Critical Moments in a TESOL Praxicum. In B. Norton, K. Toohey（Eds）. *Critical Pedagogies and Language Learning*［C］. Cambridge：Cambridge University Press，2004：335.

属分支，元智大学通识教学部的师资涉及佛学、易学、流体艺术、中国文学、东南亚华文文学、公共组织与管理、非营利组织与管理、哲学、美学、教育学、物理、环境工程、化学、心理学、梵语、巴利语、俄罗斯政治思想史、诗学、人类学、家庭研究、儿童发展等多个学科，使大学英语师资能够形成跨学科团队。大学英语教师在交流、各种活动、教学中都能很快获得帮助和所需的资讯，师资整合为大学英语教师提供一个自然地提升自我、丰富自我的过程。

大学英语教师是大学英语教学能否走出困境的关键之一，进行大学英语教师培训、推进大学英语教师和其他相关学科教师的整合是比较好的解决问题的方式。

第五节　对大学英语测试的建议

语言测试主要用于语言教学(即用来衡量学生的学习效果，检查教师的教学质量，教与学两方面都需要语言测试这一手段进行评估)、语言研究和教学研究(例如，语言测试理论已经是比较成熟的学科)、选拔人才(如出国、留学、升学、晋级、职称等)三个方面。其中应用于语言教学是最为普遍的，虽然测试不能代替教学，但是测试能帮助教师或者教学管理者了解教与学的实际情况，通过测试激发学生的学习动力，也能激发教师的潜力。语言测试可以分为：

(1)成绩测试、水平测试和语言天赋测试。成绩测试以教学大纲为参照和基础，即教什么考什么，主要用以检查教学效果，了解学生学习中的问题和难点，激发学生的学习动力，如毕业考试、期中考试等。水平测试不以教学大纲为参照或基础，不以任何教材为蓝本，而是从整体上了解应试者的水平和程度，水平测试主要用于选拔性考试，如 TOEFL、IELTS 考试等。语言天赋测试主要针对语言专业的学生。

(2)按照阅卷方式，语言测试也可以分为主观测试和客观测试。主观测试试题的答案较为灵活，是评阅人根据自己的水平和观点进行阅卷、判断、评分，如翻译、作文、口语考试，但是阅卷和评分的工作量极大，不同的评阅人其评分标准也很难统一，很难应用于大型考试。客观测试答案比较固定，评分不受阅卷人的喜好、兴趣、观点等个人因素影响，能最大限度地排除主观因素，适用于大规模标准化测试。

(3)语言测试还可以区分为常模参考性测试(norm referenced test)和标准参考性测试

（criterion referenced test），区分的标准是如何解释考试成绩。前者将考生的成绩放在一起比较，分出上中下等排出名次，把应试者的水平区分出来，后者只看应试者是否达到标准而不考虑其在所有应试者中的位置如何；前者一般不规定教材，是比较全面的考试，后者则规定了考试的内容或能力，看应试者是否达到标准；前者应用于分级考试、水平测试，后者应用于成绩测试、诊断性测试等。

语言测试具有一定的科学性和可靠性，但是仍然存在局限性，例如语言水平（Language Proficiency）本身就是一个比较抽象的概念，如何定义水平，如何测量语言水平都是需要思考的难题，即使对学生进行全面测量，从听、说、读、写、译各个角度全部测评，还是会出现偏差。语言是文化的载体，语言测试可能涉及一些学生非常熟悉的领域，也可能涉及非常生僻的领域，这些都可能影响学生的测试成绩。语言测试最常考核的是听与读两方面，因为听力与阅读这两项是最容易评分和使用机器阅卷的，而写作和翻译就很难评分，也无法使用机器阅卷，至于口语测试，则需要大量的口语考官和时间。目前，我国大学英语四、六级考试中，只有笔试成绩超过规定分数线的学生，才有资格参加四、六级口语测试。语言测试评估的并不是真实发生在交际场合的实际行为，也不是为了交际目的而使用的语言，考生只是为了考试而读、听、写，即使是口语测试，师生之间也不是真正的交际，考官像念书一样根据考题提问，学生回答问题时也不自然，对有准备的题目有时就像背书一样。

全国性的大型标准化测试对教学工作有利有弊，它既可以让全国高校有一定的、比较明确的目标和指导，有统一的衡量标准，也可以促进各个高校认真对待教学管理工作。但这种大型考试的设计与实施存在很多问题，例如，考试内容很难兼顾全国各地、各高校的不同情况，考试设计时客观题多，主观题少，因为大规模测试主要依靠机器阅卷，主观题少就难以反映学生的真正问题和水平。

客观题测试把语言分成许多碎片，通过对这些碎片化的语言知识的测试，结果显示的只是对某一项语言知识的了解，但是对语言知识的了解与语言的实际运用不一样。语言的实际运用并不是将这些知识的碎片整合在一起。澳大利亚语言中心（ACL）的外教就指出，中国留学生即使 IELTS 或 TOEFL 的分数很高，但在澳大利亚大学课堂还是存在听不懂、说不出、写不好等问题。ACL 还特别指出很多留澳的中国学生都是参加过知名培训学校的培训并通过考试的，但是这些语言技能和应试技巧培训并不能满足在澳大利亚留学的要求。因此，ACL 针对中国留学生专门开设学术英语等培训项目，例如教学生填写申请表、写申请信、制订研究计划等，以适应在澳大利亚的留学生活。由此可见，测试只在一定程度上反映了学生的实际水平。

考试是检测外语教育质量的重要方式，目前对非英语专业大学生影响最大的就是大学英语四、六级考试。随着学生外语水平的提高，社会和学生本身都对外语教育提出更高要求，社会上大多数单位还将大学英语四、六级成绩作为判定学生英语水平的标准，但是已经有外资企业和一些对外语要求更高的单位质疑考试是否真实地反映了学生的语言水平。四、六级考试的客观性和对教学的一些积极促进作用应该受到肯定，但是大学英语四、六级考试也要随之作出相应改进，因为通过考试的学生实际的英语水平无法满足工作需要。笔者曾访谈两名先后进入德国西门子公司和法国阿尔卡特公司工作的电子、电信专业的大学生，两家公司的人力资源部对他们所进行的英语测试都是由其外籍员工直接对求职学生进行长达两小时的英语交谈，并由此断定学生的英语水平是否达到公司的要求，只有达到公司要求，应试者才能进入下一轮的专业测试。

我国2003年启动高等教育质量工程并对大学英语四、六级考试进行改革，但迄今尚未实现评估方式的多样化。期中、期末考试仍是成绩测试，主要考查学生完成课程的情况；大学英语四、六级考试仍是水平测试。目前我国大学英语教学中，师生还是要面对各种测试，在考试的压力下，师生主要以通过考试为主。因此前文提到的大纲、教材、教师、教学的改革如果要顺利进行，必须进行测试改革，通过测试的改进，推动大学英语教学的改革和质量提升。

据接受访谈的加拿大籍和美国籍教师介绍，国外的语言教学测评并不单单以一次期末考试决定学生的分数，而是由以下方面构成分数的：

（1）测验（quiz）。

（2）家庭作业（homework）。

（3）口头展示（oral presentation）。

（4）自我评估（self-assessment）。

（5）访谈（interview）。

（6）问卷（questionnaire）。

例如，哈佛大学一项语言课程的测评就包括：

（1）日记报告（diary report）25%。

（2）讨论和课堂参与（leading discussion and general class participation）20%。

（3）展示及现场评估（presentations and field evaluation）30%。

（4）期末考试25%。❶

其中教师的权限比较大，例如，他们会严格按照学生的课堂参与进行打分，学生即使在课堂，但如果不积极参与讨论、不积极回答问题，也拿不到分数。可见相比国内，国外教师的权限较大，而且对学生出勤的考察更为细致、具体，也更严格。

针对我国的大学英语教学质量，目前最主要的测量工具是各学期期末考试以及大学英语四、六级考试，以通过率、考分等衡量学生水平。期末考试对学生的成绩、不及格率都有严格的控制，学生只需按照重点内容复习就能过关。大学英语四、六级考试是比较严格和正式的测试，但是面对来自社会的质疑、用人单位对大学生不同层次的要求，大学英语四、六级考试本身也面临着改革。当大学生面临出国、求职、深造等多种选择时，会参加不同类型的国外英语水平测试，为避免学生在参加大学英语四、六级考试之外又重复参加其他考试，造成人力和财力上的浪费，应该使考试多元化，让学生有更多选择，避免一种考试的局限性。

日本的"英检"也可作为我国英语考试的参考❷。"英检"是"实用英语技能检验"的简称，是日本于1963年开始的一项全国英语水平考试。在日本是全民可以参加的最受认可的一项考试，每年举办3次，共分7个级别，1级最高。以测试听、说、读、写基本技能为目的，考试分为笔试、听力、口试三部分。其各级别的详情如表8-1所示。

表8-1　日本"英检"各级别情况

级别	听力分数	笔试分数	口试分数
5级	约20分	25分	没有
4级	约25分	35分	没有
3级	约25分	40分	5分
准2级	约25分	65分	6分
2级	约25分	75分	7分
准1级	约25分	90分	8分
1级	约30分	100分	10分

其级别程度和考试要求如下：

5级：适用于初中一年级、英语初学者。要求可以理解与表达运用初级英语。

4级：适用于初中中级程度，出题内容较实用。要求可以理解并表达运用简单的英语。

❶ 王晓玲，郅锦. 中国与日本英语教育的比较研究[J]. 前沿，2012(1)：153.
❷ 王晓玲，郅锦. 中国与日本英语教育的比较研究[J]. 前沿，2012(1)：153.

3级：适用于初中毕业程度。要求可以理解身边的英语，并能够运用表达。

准2级：适用于高中二年级。要求可以理解与表达运用日常生活中所必需的英语。

2级：属于高中毕业程度。要求可以理解与表达运用社会生活中所必需的英语。

准1级：属于大学中级程度。要求可以充分理解与表达运用社会生活中所必需的英语。

1级：属于大学高级程度，复试中包括2分钟的演讲。要求可以充分理解与表达运用广泛的社会生活中所必需的英语。

我国应该进行大学英语测试的综合改革，提高大学英语教育的质量。将访谈、问卷、展示、报告、讨论、档案袋评价(将学生的学业成果系统地和有选择地收集起来，展示其学习动机、学业进步、成绩级别等)等评估方式应用到大学英语测试中，学生的成绩是形成性评估，最终对学生大学英语学习的综合评价可以不单单以四、六级考试做标准，而是综合几种外语考试，使学生有多重选择。

第九章 结 语

语言是文化的产物，同时又是文化的载体，一个人不可能学习使用一门语言，而不学习有关说这种语言的人的文化。在第一语言习得中，文化的习得是与语言习得平行发展的，语言的交际功能和传承文化的功能很自然地融合在一起。但在学习外语过程中，语言这两种功能的差别就显现出来。语言并不只是一些语言形式或者语言规则的排列组合，学习和使用外语的过程其实就是一个跨文化交际的过程，因此有必要在外语教学中进行文化教学。随着全球文化多元化的发展，培养跨文化交际能力已经成为新世纪语言文化教学的目标，文化教学在外语教学中奠定了重要地位。中国大学英语教学目标从语言能力扩展到交际能力，又扩展到跨文化交际能力，对文化教学提出更高要求。在大学英语教学大纲中，要反映出文化教学与语言教学的并重，教材方面增补满足文化教学需要的内容，教学实践中花更多时间进行文化教学，将教学从主要关注语言教学转到更多关注文化教学。

文化可分为表层文化和深层文化，不同文化在深层次上的差异表现为价值观念和思维方式上的不同。在英语教学中加强文化教学，更重要的是关注到文化深层结构的差异。文化的各个方面都是相互联系的，对学生的目的语文化输入应在时间、空间的大框架下，培养学生对文化的整体认识。大学英语教材中经典阅读的缺失对教学产生很大影响，而加深学生对最根本的哲学层面上的文化的认识，不仅有利于提高跨文化交际能力，而且有助于学生提高阅读、写作、听力等各方面的语言技能。文学作品相当于提供了一个新的视角，帮助学习者了解文化之间的共同点和差异，大学英语是高校文化素质教育的组成部分，在大学英语教学中应该涉猎文学的经典著作。在跨文化交际中，文化定式往往导致过分简单化的概括，乃至形成偏见和歧视。文化定式的形成与人们的认知、后天文化的熏陶、个人经验等密切相关。大学生的认知过程受传媒、大众等各种因素影响，容易导致信息不对称，进而产生误解并形成文化定式甚至偏见。

西方的民族中心主义以及优越论使西方人不愿正视中国和中华文化。中国学生不仅要用英语理解、表述西方文化，还需要用英语表述自己的母语文化，让西方人了解自己，这增加了中国学生使用英语沟通的难度，彰显大学英语教学中加强母语文化教学的必要性。长期以来，跨文化交际研究范式明显以西方的价值观与交际理念为核心，缺少非西方视角的探索。跨文化交际中来自弱势文化的群体，必须强调自己的母语文化。学习目的语和目的语文化并不意味着同化，而是用一种新的视角看待母语文化和目的语文化，学会包容和理解不同文化。

大学生在学习外语过程中是较早接触二元或多元文化的知识分子，身处网络化时代的大学生是最强烈感受异文化挑战的群体。大学英语教学面临的深层困境是中国大学生处于两种文化的边缘：面对目的语文化，只触摸到其边缘，面对西方的强势文化，需要用英语来维护自己的话语权时，又处于中国传统文化的边缘，无法表达自我。学生并没能成为跨文化人，而成为文化意义上的"边缘人"。跨文化人是能在两种文化间行动而没有明显的冲突的人，他们能理解母语文化和目的语文化，并拥有文化的自我意识，这种文化的自我意识亦即文化自觉，使其在跨文化交际中能够认识母语文化和其他文化之间存在的异同。跨文化人应善于"移情"，从另一个不同的参照系反观母语文化。同时又能够对异文化采取较为超然的立场，而不是盲目地接受或被同化。另外，跨文化人还必须具备跨文化交际能力。

学习者在学习一门新语言的同时也在适应新的文化情境中的生活，即学习者在新文化背景下学习一门新语言的过程中会进行身份重构。我们每一个人都是我们文化背景的产物，我们的文化为我们提供了洞察力；然而实际上正是与异文化的接触，才更能让人意识到自己的文化身份，故大学英语学习的过程更能帮助学生意识到自己的文化身份。

大学英语的教学目标除了提高学生的语言技能，还包括培养学生对文化多样性和文化差异的敏感，对于他者的"移情"能力，即设身处地从他人的角度看待和感知世界的能力。大学英语教学必须将文化与语言相结合，这不仅能帮助提高学生的语言能力，而且能使学生了解目的语文化，提高跨文化交际能力，成为一个跨文化人，这才是最终目标。

大学英语的培养目标应是以母语文化为基础，通过大学英语教学的桥梁作用，让学生能从不同的文化中吸收养分，成为跨文化人，具备对目的语文化的理解能力，避免将目的语文化"他者化"，达到用英语表述母语文化的能力，在这一过程中建立文化身份，弥合他者与自我。语言学习不仅具有交际的应用价值，更重要的是与文化鉴赏、提高分析思考能力和价值甄别能力紧密相连。正是在人文主义思想下，外国语言与文化成为通识教育的一部分。将大学英语系整合进通识教学部，能够弥补现有大学英语教材的不足，让学生接触到经典作品。在教材的编写中，应该将中华文化内容分层次、系统地纳入大学英语教材。

我国在大学英语教学中更多地关注教学法，忽视了学生的能动作用。在大学英语教学中，不存在一种万能的教学方法，因此要借鉴欧美的各种教学法流派，博采众长，并进行本土化的实践和研究。随着现代科技的发展，出现了新的教学方式，例如，提供机会让大学生参与以外籍师生、社区外籍人士为对象的社区服务的汉语课程，使学生在与外籍人士的交往互动中领悟文化的异同和交际策略；提供大学生更多的国际交流机会；等等。大学英语教师培训应该包括"教什么"和"如何教"两方面，培训中必须突出语言的文化内涵。大学英语教师很难抽出大量的时间参与长期系统的培训，而对毕业于外语专业的大学英语教师进行跨学科培训，不是短期培训可以见效的。可以进行师资的整合，将大学英语教师整合进通识教学部，由于通识教学部的师资涉及多个学科，大学英语师资便能够形成跨学科的团队。另一方面，可进行大学英语测试的综合改革以提高外语教育的质量。将访谈、问卷、展示、档案袋评价等评估方式应用到大学英语测试中，对学生的学期成绩进行形成性评估。

跨文化交际教学是一个范围广阔、涉及面很宽的系统工程，本书重点讨论的只是跨文化大学英语教学方面的相关理论。但由于作者水平有限，理论基础不够深厚，难免在论述中顾此失彼，很多方面的讨论可能失之偏颇，只能代表个人意见。希望本书能够起到抛砖引玉的作用，使更多的大学英语教师注意到教学中的文化问题，意识到在大学英语教学中培养学生跨文化交际能力的必要性和急迫性。

参考文献

[1]许玉. 新时代大学英语跨文化教学理论与实践——评《大学英语教学与跨文化能力培养研究》[J]. 中国油脂，2022，47(1)：159.

[2]宋凯，谢宇晖. 大学英语教学中跨文化意识的培养——评《跨文化大学英语教学：理论与实践》[J]. 中国教育学刊，2016(12)：126.

[3]李彦美. 跨文化交际视野下的大学英语教学改革研究与实践[J]. 经济师，2016(5)：175－176.

[4]陈玲琳. 跨文化大学英语教学模式研究——评《跨文化大学英语教学的管理理论与实践》[J]. 外语电化教学，2021(5)：118.

[5]王芬. 高职高专英语词汇教学研究[M]. 上海：上海交通大学出版社，2012.

[6]严明. 跨文化交际理论研究[M]. 哈尔滨：黑龙江大学出版社，2009.

[7]张红玲. 跨文化外语教学[M]. 上海：上海外语教育出版社，2007.

[8]李建军. 文化翻译论[M]. 上海：复旦大学出版社，2010.

[9]李成洪. 英语教学与跨文化传播[M]. 沈阳：东北大学出版社，2013.

[10]康莉. 跨文化视角下的大学英语教学：困境与突破[M]. 北京：中国社会科学出版社，2014.

[11]李德俊. 跨文化交际视域下的大学英语教学[J]. 辽宁医学院学报(社会科学版)，2016(5)：129－131.

[12]屈晓丽. 跨文化交际视域下的大学英语教学[J]. 首都师范大学学报(社会科学版)，2012(3)：102－105.

［13］杜秀莲. 大学英语教学改革新问题新策略［M］. 济南：山东大学出版社，2011.

［14］冯莉. 大学英语语法教学理论与实践［M］. 长春：吉林出版集团有限公司，2009.

［15］贾玉新. 跨文化交际学［M］. 上海：上海外语教育出版社，1998.

［16］胡文仲，高一虹. 外语教学与文化［M］. 长沙：湖南教育出版社，1997.